외국음식 조리

노정미

창지사

머/리/말

외국으로 여행을 떠나는 것이 매우 자유로운 시대에 우리는 살고 있다.

거리의 식당가나 매스컴 등에서 쉽게 볼 수 있는 다양한 음식메뉴 중에도 외국음식이 많고, 우리나라 안에도 매우 다양한 나라의 사람들이 거주하며 자연스럽게 생활하고 있다. 따라서 예전보다 다양한 외국음식을 접할 수 있는 기회도 많아졌고, 또 많은 사람이 외국음식을 좋아하여 사 먹기도 한다. 이처럼 누구나 외국음식을 손쉽게 접할 수 있는 기회가 많아져 예전처럼 외국음식을 생소해하지 않고, 외국음식에 대해 많은 관심을 가지고 직접 만들어 먹고 싶어 하는 사람들이 점점 늘어나고 있다고 할 수 있다.

외국음식을 만드는 법을 소개하는 무수히 많은 조리책이 있고 이러한 조리책들은 서양음식 조리, 프랑스음식 조리, 이태리음식 조리, 중국음식 조리, 일본음식 조리 등 각 나라와 지역별로 주종을 이루고 있다. 이러한 책들은 조리학과나 호텔조리학과 및 전문 셰프들의 전문성을 고려해 저술되어 있는 것이 대부분이다. 또한, 조리학과 계열에서는 각 나라별 특성과 조리법을 배울 수 있는 전문 조리실습 교육과정이 다양하게 마련되어 있으나, 식품영양학과와 같이 조리를 다른 교과 과정과 병행해야 하는 학과에서는 각 나라별 조리실습 과목을 수업할 수가 없다는 한계가 있다. 때문에 각 나라의 식문화와 조리법을 쉽고 편하게 익히고, 각 나라의 조리법 특징을 쉽게 알고 조리할 수 있는 외국음식 조리책을 개발해야 할 필요를 느껴 종합적인 『외국음식 조리』를 저술하였다.

『외국음식 조리』는 외국이라는 지역, 즉 타국에서 그 나라 사람들이 만들어 먹는 음식의 특징과 조리법을 조사하고 정리하여 누구나 쉽게 조리할 수 있게 하였다. 뿐만 아니라 외국음식에 관심이 많은 일반 사람들도 각 나라별로 책을 구입하여 전문적인 조리법을 배우고자 하는 사람들도 있겠으나, 보통 일반인들은 다양한 나라의 음식 조리법과 식문화를 쉽게 접하기를 원하기도 한다. 인터넷이나 매체를 통해 얻는 외국음식의 무수한 정보들 중에서 바른 선택을 하고 유행을 타지 않는 외국음식 조리법을 정리해 일반인들이 쉽게 외국음식을 만들 수 있는 가이드라인이 되었으면 하는 마음으로 이 책을 저술하였다.

2017년 10월

노정미

차/례

제1부 외국음식 개요 • 11

제1장 서양음식 • 12

1. 서양음식의 분류 • 12
2. 서양음식의 특징 • 16
3. 서양음식의 실제 • 29

제2장 아시아음식의 개요 • 46

1. 중국 • 47
2. 일본 • 49
3. 태국 • 51
4. 베트남 • 52
5. 인도 • 53
6. 터키 • 54

제2부 외국음식 조리 • 53

제3장 서양음식 조리 • 58

1. 전채요리 • 58

(1) 새우 카나페(shrimp canape)/58
(2) 치즈 카나페(cheese canape)/59
(3) 햄 카나페(ham canape)/60
(4) 훈제연어 카나페(smoked salmon canape)/61
(5) 참치 칵테일(tuna cocktail)/62
(6) 스터프드 에그(stuffed egg)/63
(7) 스터프드 셀러리(stuffed celery stalks)/64
(8) 세이버리 피클(savory pickles)/65

(9) 스터프드 오이(stuffed cucumber)/66
(10) 스터프드 토마토와 게살(stuffed tomato with crabmeat)/67

2. 수프 조리 • 68

(1) 감자수프(cream of potato soup)/68
(2) 프렌치 양파수프(french onion soup)/69
(3) 당근 크림수프(cream of carrot soup)/70
(4) 옥수수수프(corn soup)/71
(5) 버섯 크림수프(cream of mushroom soup)/72
(6) 야채수프(vegetable soup)/73
(7) 러시안 야채수프(russian vegetable soup)/74
(8) 조개 차우더 수프(clam chowder soup)/75
(9) 오이 냉 수프(cucumber dill soup)/76

3. 해산물 조리 • 77

(1) 생선 뮤니엘(fish meuniere)/77
(2) 생선튀김(deep fat fried fish)/78
(3) 조개 그라탱(scallops au gratin)/79
(4) 생선 그라탱(fish gratin)/80
(5) 연어 마요네즈 구이/82

4. 쇠고기 • 83

(1) 비프스튜(beef stew)/83
(2) 등심 스테이크(sirloin steak)/84
(3) 살리스버리 스테이크(salisbury steak)/85
(4) 비프커틀릿(beef cutlet)/86
(5) 미트볼(meat ball)/87

5. 돼지고기 • 88

(1) 바비큐 포크 찹(barbecued pork chop)/88
(2) 포크 커틀릿(돈가스: pork cutlet)/89
(3) 민스트 포크(minced pork)/90
(4) 하와이안 텐더로인(hawaiian tenderloin)/91

6. 닭고기 • 92

(1) 치킨커틀릿(chicken cutlet)/92
(2) 치킨 알라 킹(chicken a'la king)/93
(3) 닭고기 그라탱(chicken gratin)/94
(4) 닭날개 튀김(fried chicken wing)/95
(5) 치킨커리와 밥(chicken curry with rice)/96

7. 채소의 조리 • 97

(1) 포테이토 칩(chips potatoes)/97
(2) 크로켓 감자(croquette potatoes)/98
(3) 통감자 구이(backed potato)/99
(4) 버터 당근(buttered carrots)/100
(5) 꽃양배추 그라탱(cauliflower gratin)/101
(6) 매시드 포테이토(mashed potato)/102
(7) 롤드 캐비지(rolled cabbage)/103
(8) 스터프드 토마토(stuffed tomato)/104
(9) 감자 야채 치즈 구이/105
(10) 크림드 베지터블(creamed vegetable)/106
(11) 자주색 양배추 볶음(sweet sour red cabage)/107

8. 샐러드 조리 • 108

(1) 월도프 샐러드(waldorf salad)/108
(2) 포테이토 샐러드(potato salad)/109
(3) 콜슬로 샐러드(coleslaw salad)/110
(4) 시저 샐러드(caesar salad)/111
(5) 셰프 샐러드(chef's salad)/112
(6) 참치 샐러드(tuna salad)/113
(7) 마카로니와 햄 샐러드(macaroni&ham salad)/114
(8) 콘 샐러드(corn salad)/115
(9) 캐비지 플라워(cabbage flower)/116
(10) 시금치와 그린 치커리 샐러드/117
(11) 아보카도 샐러드/118
(12) 그릴드 치킨 샐러드/119

9. 달걀의 조리 • 120

(1) 프렌치 오믈렛(french omelet)/120
(2) 스패니시 오믈렛(spanish omelet)/121
(3) 버섯 크림 오믈렛(mushroom cream omelet)/122
(4) 에그 그라탱(egg gratin)/123
(5) 스크램블드에그(scrambled egg)/124

10. 곡물요리 • 125

(1) 오트밀(oatmeal)/125
(2) 커리 라이스(curry rice)/126
(3) 완두콩과 조개로 맛을 낸 리소토/127
(4) 스파게티 소테(spaghetti sauté)/128
(5) 봉골레 스파게티(spaghetti alle vongole)/129
(6) 해물 스파게티/130
(7) 게살 크림 스파게티/132
(8) 까르보나라 스파게티/133
(9) 피자파이(pizza pie)/134
(10) 타코스(tacos)/136
(11) 팬 케이크(pan cake)/137
(12) 와플(waffle)/138
(13) 도넛(doughnuts)/139

11. 샌드위치 조리 • 140

(1) 달걀 샌드위치(egg sandwiches)/140
(2) 치킨 샌드위치(chicken sandwiches)/141
(3) 삼색 샌드위치(three color sandwiches)/142
(4) 햄버거 샌드위치(hamburger sandwiches)/143
(5) 비, 엘, 티 샌드위치(bacon, lettuce, tomato dandwich)/144
(6) 클럽 샌드위치(club sandwich)/145
(7) 롤드 샌드위치(rolled sandwich)/146

12. 디저트 • 147

(1) 딸기 쇼트 케이크(strawberry short cake)/147
(2) 바나나케이크/148
(3) 애플 파이(apple pie)/149
(4) 크레이프 수제트(pan cake suzette)/150
(5) 잼 크레이프/151
(6) 프루트 펀치(fruit punch)/152

제4장 아시아음식 조리 • 153

1. 중국음식 • 153

(1) 진주단자/153
(2) 탕수육/154
(3) 마파두부/155
(4) 매콤한 게 볶음/156
(5) 난자 완자(난자완스)/157
(6) 닭고기 캐슈너트/158
(7) 삼선 누룽지탕/159
(8) 새우 완자 튀김/160
(9) 새우 매운 볶음/161
(10) 중국식 양상추쌈/162
(11) 토마토케첩 갈비/163
(12) 부추잡채와 꽃빵/164
(13) 무 당근말이 냉채/165
(14) 게살 옥수수수프/166

2. 일본음식 • 167

(1) 해물 야키우동/167
(2) 어묵 우동/168
(3) 알밥 케이크/169
(4) 미시건 롤/170
(5) 규동 (쇠고기 덮밥)/171
(6) 가쓰동/172
(7) 가지덮밥/173

(8) 닭고기 우엉 덮밥/174

(9) 참치 마요 오니기리/175

(10) 문어와 토마토를 곁들인 샐러드/176

(11) 문어초회/177

(12) 샤부샤부/178

(13) 어묵냄비/180

(14) 스끼야끼(전골냄비)/181

(15) 된장국/182

(16) 오꼬노미야끼/183

(17) 달걀찜/184

3. 동남아음식 • 185

(1) 쇠고기를 곁들인 쌀국수(퍼보)/185

(2) 닭고기 쌀국수/186

(3) 해물 볶음 쌀국수(팟타이)/187

(4) 싱가폴식 쌀국수 볶음/188

(5) 파인애플 볶음밥/189

(6) 태국식 볶음밥/190

(7) 청경채 게살소스 볶음/191

(8) 월남쌈/192

(9) 바나나 튀김/194

(10) 숙주 볶음/195

(11) 연근 새우 샐러드(고이 응오 센)/196

(12) 태국식 스프링롤/197

(13) 허브 홍합찜/198

참고문헌/199

제1부

외국음식 개요

제1장

서양음식

우리나라를 제외한 다른 나라를 '외국'이라는 큰 단위로 다루어 정의한다. 즉 외국이란 우리나라 밖의 다른 모든 나라를 뜻하며, 다른 나라에서 먹는 음식을 외국음식이라 할 수 있다. 외국은 크게 서양과 동양으로 나뉘고 또 그 지역에서 만들어지고 먹는 음식들을 외국음식이라 볼 수 있으며, 이 장에서는 서양음식 중에서도 유럽을 세분화하여 나누어 보고 서양음식의 특징과 실제에 대해 알아보도록 하겠다.

1 서양음식의 분류

서양은 유럽과 북미대륙을 칭하는데 그중에서도 유럽은 동, 북유럽과 서유럽, 남유럽으로 나누어 볼 수가 있다. 동, 북유럽은 러시아, 체코, 헝가리 등의 동유럽과 노르웨이, 스웨덴, 핀란드, 덴마크 등의 북유럽국가를 말한다.

(1) 북유럽

북유럽은 위도가 높아 한랭 건조해서 농작물이 잘 자라지 않는 자연환경 때문에 유럽의 다른 나라들에 비해 그렇게 음식문화가 발달하지는 못했으나 대서양에 면해 있는 지역이나 발트해 연안은 그 중 따뜻한 지역으로 농업, 목축업, 수산업이 발달하였으며 북유럽만의 독특한 음식 문화를 가졌다.

(2) 서유럽

서유럽은 프랑스, 독일, 영국 등을 말하고, 위도가 우리나라보다 높지만 대서양과 지중해를 끼고 있어 기후가 온화하다. 이 지역에는 산맥이 많지 않고 낮은 구릉과 넓은 평야로 이루어져 있어 농산물과 축산물이 다양하게 생산되고, 대륙을 둘러싼 대양에서 산출되는 수자원도 풍부하므로 음식문화가 발달하였다. 특히 프랑스는 전 국토의 2/3 이상이 완만한 평야와 낮은 구릉지대로 이루어져 있어 농업이 발달하였고, 국토 중 삼면이 바다, 즉 대서양과 지중해와 접해서 해산물이 많이 나는 관계로 해산물을 이용한 음식도 발달하였다. 또한, 국토에 목초지가 많아 목축업이 발달하였다. 이렇게 풍부하고 신선한 식재료를 얻을 수 있는 천혜의 자연을 가지고 있어 음식문화가 크게 발달하였다.

€ 49,00
al kg
INSALATA
DI
MARE
GOULASCH
€ 38,00 al kg

(3) 남유럽

남유럽은 유럽의 남부, 지중해 북안에 있는 지역과 국가의 총칭으로 유럽 대륙에서 지중해에 돌출한 이베리아, 이탈리아, 발칸 등 세 개의 반도에 위치한 나라들을 말한다. 즉 이탈리아, 스페인, 포르투갈 등이 여기에 속한다. 남유럽은 연중 기온이 높은 지중해성 기후의 영향을 받고 겨울에 약간의 비가 올 뿐 건조한 날씨가 계속되므로 밭농사보다는 과수농업과 원예농업이 발달하였다. 지형적으로는 알프스산지와 접해 있어 험준한 산지가 많고 해안으로 이루어져 평지가 비교적 적다. 그러나 그리스·로마와 스페인과 포르투갈 등의 문화는 중세까지 경제적 정치 사회적으로 세계적인 위치를 차지한 문화권이었다.

이탈리아는 북쪽에는 알프스산맥을, 나머지 삼면은 지중해에 둘러싸여 있는 반도 국가이다. 북부지역은 산과 지중해, 평원도 같이 있어, 식재료가 다양하고 낙농제품이 많이 생산되어 크림소스가 발달하였고 요리에 버터를 주로 사용한다. 남부는 파스타가 발달하였으며 올리브와 토마토 생산량이 많아 다양하게 사용된다. 또한 해산물도 풍부하여 이를 이용한 식문화도 잘 발달되어 있다.

2 서양음식의 특징

서양음식이라 하면 프랑스, 이탈리아, 독일, 영국, 스칸디나비아 등의 유럽 여러 나라와 미국, 캐나다 등의 북미대륙에서 널리 알려져 있는 음식을 총칭한다. 근래에 와서는 남미 대륙의 멕시코, 브라질 등을 중심으로 한 남미 음식들도 많은 관심을 끌고 있다.

현대 서양음식의 근간은 프랑스 요리에 있고, 프랑스 요리는 근대 로마의 요리가 전래되어 발전한 것이다. 그러나 현재는 각 나라별로 국민의 식성에 맞추어 요리가 변화되고 발달하고 있다. 향신료와 조미료 사용이 매우 다양하며, 기본적으로 많이 사용되는 기름도 나라에 따라 다르다.

일반적으로 서양요리는 메뉴에 따른 영양가의 구성이 합리적이고 재료의 분량과 배합이 체계적으로 과학화되어 있다고 할 수 있으며, 특히 여러 가지 향신료와 포도주 등을 사용하여 음식의 향미를 좋게 하고 조리법에 어울리는 많은 종류의 소스(sauce)가 발달하였다.

1) 조미료와 향신료

서양음식에 많이 사용되는 보편적인 조미료와 향신료, 조리법은 다음과 같다.

(1) 조미료

① 소금(salt)

서양요리에서는 소금으로 간을 맞추고 식탁에 항상 놓인다.

② 설탕(sugar)

디저트와 음료에 빠뜨릴 수 없는 감미료이며 입자의 크기에 따라 용도가 다르다.

① 굵은 설탕(granulated sugar): 일반적인 형태이며 제과 제빵에 사용한다.

② 고운 가루 설탕(powder sugar): 케이크 등의 위에 뿌리거나 칵테일 음료를 만들 때 사용한다.

③ 갈색 설탕(brown sugar): 향미가 강하고 색이 좋은 음식에 사용한다.

3 식초(vinegar)

양조 식초는 순한 맛과 독특한 풍미를 갖고 있으며 주로 샐러드용의 소스, 피클을 만들때 사용한다. 종류로는 발효식초, 가향식초(flavored vinegar), 과일식초(fruit vinegar), 농축식초(vinegar essence)가 있다.

4 토마토 가공품

① 토마토 퓨레(tomato puree): 잘 익은 토마토를 끓여서 으깬 후 체에 거른 것.

② 토마토 페이스트(tomato paste): 토마토 퓨레를 황설탕, 소금 등을 넣고 1/3로 농축시킨 것

③ 토마토케첩(tomato ketchup): 토마토 퓨레에 향신료, 소금, 식초, 설탕 등을 첨가하여 농축시킨 것

④ 토마토 소스(tomato sauce): 토마토 퓨레와 페이스트에 각종 조미료와 향신료를 첨가하여 조리한 것. 단맛과 신맛이 거의 없다.

5 버터(butter)

우유의 지방을 모아 굳힌 것으로 서양요리에서 소금과 함께 기본이 되는 조미료이며, 식탁용, 조리용으로 사용된다.

6 조리용 술

요리의 냄새를 없애 주고 향을 더해 주며 요리의 맛을 증진시키는 조미료이다.

① 화이트 와인(white wine): 생선, 조개류, 새우 등 어패류를 주재료로 한 요리나 수프 및 소스 등에 사용한다.

② 레드 와인(red wine): 붉은색의 고기, 즉 육류에 많이 사용하며 디저트를 만들 때에도 자주 사용한다.

③ 셰리(sherry): 적색의 육류요리에 많이 사용한다.

④ 브랜디(brandy): 프랑스 요리에 많이 사용하고 닭고기, 고기류에 다른 술과 같이 사용한다.

⑤ 럼주(rum): 페이스트리, 베이커리에 많이 사용한다.

7 샐러드유(salad oil)

채소 씨앗에서 짜낸 기름이며 종류가 다양하고 옥수수 기름, 면실유, 땅콩기름, 콩기름 등이 원료가 된다.

8 올리브유(olive oil)

올리브 열매에서 짠 기름으로 샐러드 드레싱으로 많이 사용한다.

9 쇼트닝(shortening)

라드 대용으로 만든 경화유이며 맛과 냄새에 특징이 없고 값이 싸다. 제과용으로 많이 이용한다.

10 라드(lard)

돼지 지방이 원료이고 다른 유지보다 음식을 부드럽게 하는 특성이 있어 제과용으로 많이 사용한다.

11 치즈(cheese)

우유의 단백질을 응고시켜 만든 것으로 조미용, 식사용으로 널리 사용되고 있고 종류도 매우 많다.

12 레몬(lemon)

식초 대용으로 사용하며 레몬 특유의 향이 있어 레몬주스는 샐러드 드레싱과 제과 제빵에 이용한다.

(2) 향신료

향신료는 음식에 풍미를 주어 식욕을 촉진시키는 식재료이며 크게 스파이스(spice)와 허브(herb)로 구분한다. 스파이스는 식물의 어느 한 부분(가지, 열매, 껍질, 뿌리 등)에서 얻은 방향성(芳香性) 물질이며, 통째로 또는 가루로 사용하지만 허브는 식물의 잎만을 사용하며 신선한 형태 또는 말린 형태로 사용한다.

향신료는 휘발성 유기성분이 날아가기 쉬우므로 따뜻한 곳이나 습한 곳보다 밀폐된 용기에 담아서 차고 건조한 곳에 보관해야 하고 가루형태보다는 통째로 보관하는 것이 신선함을 더 오래 유지할 수 있다.

향신료를 넣을 때 주의할 점은 장시간 요리할 때는 통째로 처음부터 넣는 것이 좋고, 짧은 시간에 끝나는 요리는 가루를 사용하고 나중에 첨가하는 것이 좋다.

1 스파이스(spices)

① 올스파이스(allspice)

자메이카에서 자라는 상록수의 열매이고 방향과 풍미는 정향, 넛맥, 계피와 거의 비슷하다. 소시지, 생선, 피클, 렐리시, 스튜, 수프와 디저트 요리에 사용한다.

② 아니스(aniseed)

원산지는 동양이지만 멕시코, 스페인, 유고, 러시아에서 서식해 왔고, 파슬리과 식물이다. 양조산업에 천연재료로 쓰이며, 아니스의 기름은 휘발성이 강하여 밀봉해서 보관해야 한다. 커피 케이크, 쿠키, 시럽, 캔디, 양조산업에 쓰인다.

③ **캐러웨이 씨드**(caraway seeds)

요리 중에 첨가할 수 있으며 보리빵, 사우어크라우트(sauerkraut), 비프스튜(beefstews), 수프와 캔디, 쿠키, 케이크에 이용된다.

④ **카더몬**(cardamon)

인도, 스리랑카 등에서 생산되는 생강과 비슷한 식물의 열매로 통째로 또는 가루를 만들어 사용한다. 제과, 제빵, 포도, 젤리, 피클 등을 만들 때 사용한다.

⑤ **셀러리 씨드**(celery seeds)

셀러리 씨앗이고 방향이 있으며 피클, 샐러드, 채소 요리에 사용된다. 통째로 또는 가루로 만들어 사용한다.

⑥ **카옌페퍼**(cayenne pepper)

남아메리카와 아프리카에서 자라는 식물로 고추 중에서 가장 맵다. 말린 후 곱게 가루를 만들어 육류, 어류, 치즈, 달걀 요리의 드레싱, 소스 등에 사용한다.

⑦ **칠리**(chilli)

'레드페퍼(red pepper)'라고도 하는데 매우 강한 향이 있고 타바스코(tabasco) 소스와 카레가루의 필수 재료이다.

⑧ **계피**(cinnamon)

계피 나무의 껍질을 우려 사용하거나 가루로 만들어 사용한다. 페스트리, 빵, 푸딩, 케이크, 캔디에는 가루를 사용하고 껍질은 과일 절임, 피클, 과일 수프, 컴포트 그리고 뜨거운 음료에도 쓰인다.

⑨ **정향**(cloves)

인도 열대식물의 덜 익은 꽃봉오리를 따서 건조시킨 것이다. 절임, 양고기, 스튜, 수프, 청어 절임, 케이크, 빵, 쿠키 등에 사용한다.

⑩ **큐민 씨드**(cumin seeds)

파슬리과에 속하며 소시지, 피클, 치즈, 미드 빵, 수프, 파이 등에 이용한다.

⑪ **딜**(dill)

씨 또는 가지 다발채로 이용할 수 있다. 샐러드, 사우어크라우트(sauerkraut), 피클, 수프, 소스에 이용하며 특히 연어 요리에 많이 이용한다.

⑫ **펜넬 씨드**(fennel seeds)

당근과에 속하며 향기가 독특하다. 줄기는 샐러드에 이용되며, 이탈리아, 스칸디나비아 음식에 주로 많이 이용한다. 씨앗은 보리빵, 수프, 생선 등에 사용한다.

⑬ **생강**(ginger)

아시아가 원산지이고 10개월 정도 자란 어린 뿌리가 품질이 가장 좋으며, 얼얼하고 향기롭다. 피클, 스튜, 과일, 케이크, 아이스크림, 진저에일 등에 사용한다.

⑭ **메이스**(mace)

육두구 나무에서 얻는 것으로 피클의 조합제로 이용하며 설탕 절임, 소스 파운드 케이크, 빵, 푸딩에 이용되며, 육가공에도 사용된다.

⑮ 겨자(mustard)

겨자나무의 씨앗이며 맵고 톡 쏘는 맛을 지니고 있다. 소스, 샐러드, 마요네즈, 피클, 그레이비에 사용하며 특히 돼지고기와 소시지에 많이 사용한다.

⑯ 육두구(nutmeg)

인도네시아가 원산지이며 열매가 복숭아와 비슷하고, 열매의 핵이나 씨를 갈아서 사용한다. 크림 푸딩, 닭고기 요리, 버섯 요리, 시금치, 스튜 등에 사용한다.

⑰ 파프리카(paprika)

매운맛과 색깔을 내기 위하여 사용하고 생선요리, 조개요리, 채소, 달걀, 샐러드, 스튜, 카나페 등에 이용한다.

⑱ 후추(pepper)

열매가 덜 익었을 때는 까만 후추로 이용하고 완전히 익은 후추를 말려 외피를 벗겨 흰 후추로 이용한다. 통후추는 수프, 고기, 그레이비 등에 사용하고 가루는 채소, 고기, 생선, 달걀 등에 이용한다.

⑲ 사프란(saffron)

사프란은 음식을 넣었을 때 강한 노란색을 띠는데 맛은 순하고 씁쓸하고, 단맛이 나는 비싼 향신료이다. 소스, 수프, 쌀요리, 감자요리, 빵, 페이스트리 등에 이용된다.

⑳ 참깨(sesame seeds)

독특한 향을 가지고 있으며 볶아서 육류, 채소류, 빵류, 쿠키, 캔디 등에 사용한다.

㉑ 강황(turmeric)

생강과에 속하며 달콤하고 강한 향을 가지고 있다. 분말은 카레가루와 겨자의 주재료이며 피클, 달걀, 육류요리에 사용한다.

2 허브(herbs)

① 바질(basil)

민트과에 속하고 꽃과 잎을 요리에 이용한다. 잎은 생선과 육류요리, 수프, 소스, 샐러드, 토마토 식품과 피클 등에 풍미를 부여하는 데 이용한다.

② 월계수 잎(bay leaf)

지중해 연안에서 자라고 잎을 건조시켜 이용한다. 얼얼한 맛과 향미가 있어 피클, 로스트, 스튜, 소스, 수프, 생선 등에 사용하며 이탈리아풍의 요리에 사용한다.

③ 보리지(borage)

지중해 지역의 식물이며 어린 생잎은 샐러드에 풍미를 주고 푸른 꽃은 식초를 착색하는 데 사용하며, 건조한 것은 양배추 양념으로 이용된다.

④ 처빌(chervil)

강한 방향성을 가진 꼬부라진 잎과 북미산 솔나무 같은 꽃을 가지고 순한 파슬리의 향을 낸다. 신선한 것은 수프나 샐러드를 만드는 데 사용하고 건조한 처빌은 소스의 양념과 양고기 구이에 이용된다.

⑤ **차이브**(chive)

실파의 일종으로 양파나 마늘 대용으로 샐러드에 쓰이고 수프, 오믈렛, 크림치즈에 섞어 사용한다. 잎사귀는 다져서 쓰며 가니시로 이용하고 서빙하기 직전에 넣는다.

⑥ **코리앤더**(coriander)

열매의 가루로는 생강빵, 케이크, 페이스트리와 카레에 이용하며 통째로 된 씨앗은 절임용에 사용되기도 하고, 신선한 잎은 절임 및 다양한 음식에 사용한다. 특히 동남아, 중국 등에서 많이 사용되며 우리나라에서는 사찰음식에 많이 사용되고 있다. 고수라고 부르기도 한다.

⑦ **커리**(curry)

인도에서 생상되며, 고기, 생선, 달걀, 채소요리에 이용하며 맑은 음식의 풍미를 증진시킨다.

⑧ **마늘**(garlic)

중앙 아시아와 지중해에서 자라며 주로 뿌리를 이용한다. 맛과 냄새가 아주 강해 고기 요리, 수프, 샐러드, 드레싱, 파스타요리, 소스, 피클과 렐리시에 이용한다.

⑨ **호스레디시**(horseradish)

서양 고추냉이로 겨자과에 속하며 특이한 풍미가 매우 강하고 얼얼하다. 신선한 것은 강판에 갈아서 소스와 생선 요리에 사용한다.

⑩ **로바지**(lovage)

당근과에 속하는 약초로서 유럽 북부 잉글랜드의 토종 식물이다. 꽃 수술과 뿌리는 약재로 사용하거나 토마토주스, 수프, 스튜, 그레이비에 사용하며 어린 꽃술은 설탕 절임을 하여 사용한다.

⑪ **마조람**(marjoram)

박하과에 속하는 초본 식물이고 꽃과 건조시킨 잎은 달콤하고 박하와 같은 맛을 내는 데 사용하며 육류, 어류, 조류, 달걀, 치즈, 채소, 소시지, 양고기 요리 등에 사용된다. 잎사귀는 밀봉된 용기에 저장해야 퇴색하지 않는다.

⑫ **박하**(Mint)

애플민트(apple mint), 개박하(catmint), 스피어민트(spearmint), 페퍼민트(peppermint)들이 실무에서 사용되고 있다. 과자, 음료, 아이스크림, 수프, 스튜, 육류, 생선소스, 양고기 요리 등에 사용된다.

⑬ **오레가노**(oregano)

박하과에 속하며 방향성이 강하고 상쾌한 맛을 지닌다. 건조시킨 잎은 연한 녹색을 띄며 신선한 것은 피자나 파스타에 이용, 가루는 소스, 수프에 이용한다.

⑭ **파슬리**(parsely)

잎과 줄기 그리고 꽃을 사용하고 향이 강하며 비타민 A가 풍부하고, 소화효소도 풍부하다. 야채, 수프, 소스, 육류, 생선 요리 등에 사용한다.

⑮ 로즈마리(rosemary)

박하과에 속하며 신선한 것이나 건조시킨 것을 육류, 가금류의 요리와 샐러드의 향을 돋구는 데 이용하며 스튜나 수프에도 이용한다.

⑯ 세이지(sage)

박하과에 속하고 건조시킨 세이지는 잎 부분만 사용하고 강한 풍미와 약간의 씁쓸한 맛을 가지고 있다. 송아지고기, 돼지고기, 소시지, 스터핑(stuffing), 가금류, 토마토, 콩류에 사용한다.

⑰ 세이보리(savory)

향기로운 향을 가진 초본식물로 향을 가진 잎과 연한 라일락색의 꽃을 가지고 있다. 콩, 사우어크라우트, 소시지, 스터핑, 채소, 수프, 양고기 구이, 달걀 요리에 사용한다.

⑱ 타라곤(tarragon)

국화과 식물이며 잎을 주로 사용하는데 아니스와 비슷한 맛이 난다. 피클, 수프, 샐러드에 사용하고 식초나 겨자 제품의 방향제, 육류, 토마토, 달걀요리에 많이 이용한다.

⑲ 다임(thyme)

지중해성 식물로 조그맣고 방향성이 있다. 꽃이나 잎을 사용하며 토끼구이, 스튜, 생선수프, 소스, 크로켓, 토마토 음식에 많이 사용한다.

2) 메뉴

메뉴의 어원은 라틴어의 미누투스(minûtûs)에서 유래하여 영어의 minute에 해당하는 말로서 '상세히 기록한다.'라는 의미이다.

식단, 차림표 등으로 불리우는 'MENU'는 세계적으로 통용되는 용어이나, 프랑스에서는 'carte', 영국에서는 'bill of fare', 독일에서는 'speisekarte', 일본에서는 '콘다테효', 우리나라에서는 '음식 단자'라고 불렀다. 메뉴의 형태는 다음과 같이 나눌 수 있다.

(1) 정식 메뉴(table d' hote)

정식(定食) 메뉴란 'full course menu'로서 한 끼의 분량으로 구성되어 있고 대체적으로 값도 비싸고 질도 우수한 반면 어느 식당에서도 이 한 메뉴만 있기 때문에 고객으로 하여금 선택의 기회가 없다. 그러나 고객은 그 차림표와 가격을 용이하게 이해하게 되는 이점도 있다.

정식 메뉴는 아래와 같은 순서로 제공된다.

① 찬 전채(cold appetizer-hors d'oeuvre froid)

② 수프(soup-potage)

③ 온 전채(warm appetizer-hors d'oeuvre chaud)

④ 생선(fish-poisson)

⑤ 주요리(main dish-releve)

⑥ 더운 주요리(warm main dish-entree chaud)

⑦ 차 주요리(cold main dish-entree froid)

⑧ 가금류 요리(roast-rotis)

⑨ 더운 야채 요리(warm vegetables-legume)

⑩ 찬 야채(salad-salade)

⑪ 더운 후식(warm dessert-entremets de douceur chaud)

⑫ 찬 후식(cold dessert-entremets de douceur froid)

⑬ 생 및 조림 과일(fresh or stewed fruit-fruit ou compote)

⑭ 치즈(cheese-fromage)

⑮ 식후 음료(bebverage-boisson)

식후 생과자(pralines-friandises)

위와 같은 많은 순서가 근래에 와서는 다음과 같은 순서로 간소화되고 있다.

① 5course: 전채→수프→주요리→후식→음료

② 7course: 전채→수프→생선→주요리→샐러드→후식→음료

③ 9course: 전채→수프→생선→셔벗→주요리→샐러드→후식→음료→식후 생과자

(2) 일품요리 메뉴(A La Carte Menu)

일품요리 메뉴란 식성대로 자유로이 한 가지씩 선택하여 먹을 수 있는 요리의 차림표를 말하는데 이것을 표준차림표(standard menu)라고도 한다.

일품요리 메뉴는 식당에 있어서 주된 차림표로서 그 구성은 가장 전통적인 정식 식사의 순서에 따라 각 순서마다 몇 가지씩 요리품목을 명시한 것으로 현재 각 식당에서 사용하는 메뉴는 일반적으로 거의 다 일품요리 메뉴이다.

(3) 연회 메뉴

연회 메뉴란 정식 메뉴와 일품요리 메뉴의 성격을 겸한 메뉴로서 연회 메뉴를 차리기 전에는 연회를 하려는 고객과 상의하여 다양한 일품요리 메뉴 중 가격과 질에 맞춰 고객이 원하는 요리를 골라서 정식 메뉴나 뷔페 메뉴로 구성하여 연회 시에 사용하는 메뉴이다.

(4) 뷔페 메뉴

뷔페 메뉴란 각 순서마다 다양하게 구성된 메뉴로서 일정 금액을 지불하면 여러 가지 요리를 모두 먹을 수 있다. 샌드위치류나 샐러드류 등만으로 뷔페를 하는 경우가 있는 반면 한식, 양식, 중식, 일식 등 다 함께 차려져 있는 뷔페 메뉴도 있다.

뷔페에는 두 가지 형태가 있다.

① open buffet: 일정한 인원이 정해져 있지 않은 불특정다수를 위한 것으로서 일정액의 요금을 지불하면 마음껏 먹을 수 있는 것을 말한다. 호텔의 뷔페 식당이 그 한 예이다.

② close buffet: 정해진 금액과 정해진 인원에 맞추어 제공되는 것으로서, 연회장에서 연회 시에 사용하는 뷔페가 그 예이다.

3 서양음식의 실제

1) 소스(sauces)

소스의 어원은 소금이 기본양념으로 사용된 이후로 라틴어의 'salsus(salted)'에서 유래하였다.

소스는 음식 위에 끼얹어 맛을 내고 음식의 색을 아름답게 하거나 재료들 사이를 서로 엉기도록 하고 소화흡수를 쉽게 하며, 영양분을 보충할 수 있게 한다.

소스를 만들 때 향과 간의 조절이 중요하므로 음식을 먹을 때 간이 알맞으면 식후의 짠맛을 느끼므로 약간 싱겁게 맞추는 것이 좋다.

좋은 소스를 만들기 위해서는 소스의 기초가 되는 스톡(stock), 버터(butter), 기름(oil) 등이 좋아야 한다.

소스의 기본은 화이트 소스, 브라운 소스, 벨루테 소스, 홀랜다이즈 소스 등이 있다.

소스를 만들기 위해서는 루(roux)를 만들어야 하는데, 루는 밀가루와 버터를 1:1 동량으로 넣어 볶아서 사용하며 이때 밀가루와 버터의 비율이 만드는 사람에 따라 달라질 수도 있으나 항상 일정한 비율로 만드는 것이 좋다.

루는 볶는 정도에 따라 흰색 루(white roux), 노란색 루(blonde roux), 갈색 루(brown roux) 등의 세 가지가 있다.

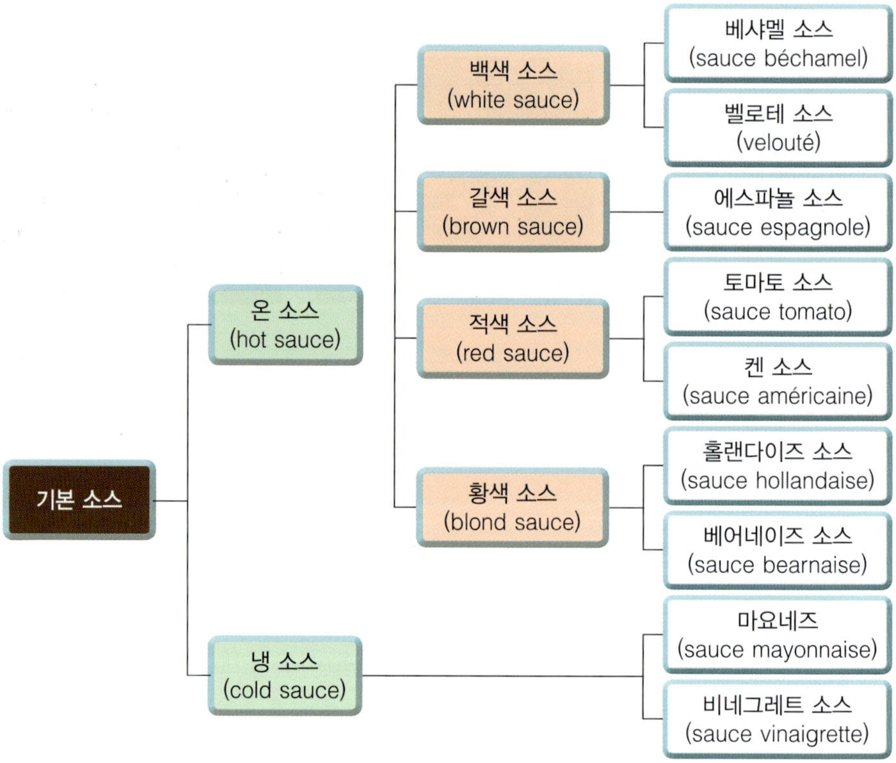

〈소스의 종류〉

2) 전채요리

전채요리는 식욕을 촉진시키는 소품요리 또는 음료를 말하며, 프랑스에서는 오르되브르(hors d'oeuvre), 영국 및 미국에서는 애피타이저(appetizer)라고 한다.

전채요리는 그 모양과 형태가 작고 소량이면서 외관이 보기 좋아야만 하고 계속해서 나오는 요리와 중복되지 않도록 메뉴를 작성해야 한다.

전채는 식사를 맛있게 먹을 수 있도록 식욕을 돋우어 주는 데 목적이 있으므로 다음 조건을 갖추는 것이 좋다.

① 모양이 좋고 맛이 있으며 주요리와 균형이 맞아야 한다.
② 짠맛, 신맛, 매운맛 등의 자극적인 맛이 가미되어 그 자극으로 타액의 분비를 촉진시켜 식욕을 돋굴 수 있어야 한다.
③ 계절감을 나타내거나 지방색이 풍부한 것이면 더욱 좋다.

전채요리는 크게 냉 전채(cold appetizer)요리와 온 전채요리(hot appetizer)로 분류되고 다시 세분하여 나누면 카나페(canape), 오드볼(hors-dóeuvre), 알콜과 칵테일(alchol and cocktail), 렐리시(relish), 스낵(snack) 등으로 분류한다.

(1) 오드볼(hors-dóeuvre)

① 냉 전채요리(hors-dóeuvre)

육류, 어패류, 난류, 치즈류, 채소류, 곡류 등을 주재료로 하여 만든 카나페, 소형의 샌드위치, 달걀요리, 샐러드 등이 있다.

② 온 전채요리(hors-dóeuvre chaud)

따뜻하게 내는 요리로 가벼운 육류요리를 작게 만든다. 재료는 수조육류, 어패류, 난류, 치즈류 등이 쓰이며, 파이요리와 소시지 등을 튀긴 것을 많이 이용한다.

(2) 알콜성 음료(alcoholic beverage)

- 식전 포도주로 셰리(sherry), 마데이라(madeira), 듀보네(dubonnet) 등을 60*ml*의 양으로 제공한다.
- 감미 칵테일(sweet cocktail)로서 마티니(martini), 다이키리(daiquiri), 올드패션(oldfashion)을 60*ml* 정도 제공한다.
- 위스키나 버본, 물, 소다수, 진저에일, 토닉을 내놓기도 한다.

(3) 칵테일(cocktail)

- 주스(juice)로서 야채 및 과일주스를 식욕촉진제로 내기도 한다.
- 해산물로서 새우, 굴, 게, 가재, 조개 등을 조리 · 가공한 것을 낸다.
- 생선피클(pickled fish) 또는 식초를 가공한 야채나 생선으로 만들어낸다. 달걀을 삶아 데빌드(deviled)한 것과 스터프드(stuffed)한 것을 내기도 한다.

(4) 카나페(canape)

크래커나 구운 식빵을 작게 썰어 그 위에 여러 가지 재료를 얹어 맛있고 보기 좋게 만들어 오픈 샌드위치처럼 넓은 쟁반에 담아내 그대로 손이나 포크로 먹는다.

(5) 렐리시(relish)

① 생 야채를 시원하고 아삭아삭하게 먹을 수 있도록 모양을 예쁘게 다듬어 낸다. 당근, 오이, 셀러리, 레디시, 무우 등이 많이 사용된다.

② 피클(pickle)된 것으로 오이, 올리브, 양파, 콜리플라워, 양배추 등에 잘게 부순 얼음을 덮어낸다.

(6) 스낵(snacks)

감자 칩(potato chips), 옥수수 칩(corn chips), 코코넛 칩(coconut chips), 크래커(cracker) 등이 주로 사용된다.

3) 수프(soup)

(1) 스톡(stock)

스톡이란 소뼈, 닭뼈, 생선뼈 등을 향미 채소와 향신료를 함께 끓여 우려낸 국물을 말하며 이를 만드는 것은 수프(soup)와 소스(sauce)의 맛을 결정하는 가장 중요한 조리 과정이라 할 수 있다.

스톡의 주재료는 쇠고기, 양고기, 송아지고기, 닭고기, 생선 등이며, 뼈를 그냥 사용하면 화이트 스톡이 되고, 소뼈의 경우 오븐에 굽거나 태워서 사용하면 브라운 스톡이 된다.

스톡을 소스에 이용할 때 앙뜨레(entree)의 주재가 흰색이면 화이트 스톡을 쓰고 주재가 갈색이면 브라운 스톡을 쓴다.

(2) 수프(soup)

수프는 스톡을 기본으로 만든 국물요리로서 육류나 어패류, 채소류를 주재료로 하여 만든 것이며 사용하는 식품이나 조리법에 따라 여러 종류의 수프로 나뉜다.

수프에는 국물이 주가 되는 것과 건더기가 주가 되는 수프가 있는데, 다음으로 제공되는 주식요리와 잘 어울려야 한다.

① 수프의 종류

수프의 종류는 온도에 따라 뜨거운 수프(hot soup)와 찬 수프(cold soup)로 나뉘며, 농도에 따라 맑은 수프(clear soup)와 걸쭉한 수프(thick soup)로 나뉜다.

가. 맑은 수프(clear soup)

수육, 어패류, 곡류 등으로 끓인 국물로 깨끗하고 맑은 것이 특징이다.

① 콩소메(consommé): 맑은 국물로 전분을 사용하지 않고 가니시를 띄우기도 한다.

② 부용(bouillon): 브라운 스톡을 1/3정도로 농축시키고 각종 향신료로 간을 맞춘 것으로 콩소메의 바탕이 되는 수프와 거의 같다.

나. 걸쭉한 수프(potage: thick soup)

콩소메와 같은 국물에 삶은 채소, 으깬 곡류, 분유 등으로 국물을 걸쭉하게 만든 것으로 건더기를 많이 사용하지 않는다.

① 크림수프(cream soup)

② 야채수프(vegetable soup)

③ 퓨레수프(puree soup)

2 수프에 띄우는 것(garnish)

수프 위에 얹는 것을 '가니시'라고 하는데 수프의 종류에 따라 건더기를 띄우는 것과 띄우지 않는 것이 있다. 이때 가니시는 날것은 쓰지 않으며 수프의 맛과 조화를 이루는 것이 중요하다.

① 크루트(croutes): 식빵을 3㎜ 두께로 삼각형, 사각형, 둥근형으로 자르고 팬에서 노르스름하게 구운 것이다.

② 크루통(crouton): 식빵을 0.8㎜ 크기로 썰어서 170~180℃의 기름에 튀겨 내거나 버터로 볶은 후 기름기를 제거한 다음 소금과 후추를 약간 뿌린다.

③ 줄리엔느(julienne): 양파, 당근, 셀러리, 양배추 등과 같은 채소류를 채 썰어서 볶는 것이고, 그 외 닭고기, 햄, 버섯 등을 쓰기도 한다.

4) 주요리(main dishes : entree)

주요리는 생선 다음에 제공되는 것이 보통이고, 정식의 긴 코스에서는 생선 다음에 셔벗을 들고 나서 주요리를 들게 된다. 주요리에는 보통 쇠고기, 송아지고기, 양고기, 돼지고기, 가금류 등이 많이 사용된다. 그러나 현재는 생선도 주요리로 나올 때가 많으며, 야채도 가끔 주요리로 나온다.

(1) 채소요리(vegetables)

채소는 주로 신선한 샐러드(salads)와 뜨거운 채소요리(hot vegetables)로 사용되며, 요사이 간소화된 코스(course) 메뉴 중에는 주요리에 곁들이거나 별도로 제공하기도 한다. 채소요리를 주요리에 곁들일 때는 채소의 구성이나 색상, 형태 등이 잘 조화되는 것이 좋다.

1 채소의 종류와 특징

가. 가공 채소

미리 조리되어 저장된 채소로 채소 통조림, 건조 채소, 냉동 채소, 소금과 식초에 절인 채소를 포함한다.

나. 신선한 채소

① 뿌리채소류(root and tuber vegetables): 회향(fennel), 예루살렘 아티초크(jerusalemartichoke), 당근, 감자, 셀러리 뿌리, 콜라비(kohlrabi), 황색 큰무(rutabaga), 고추냉이(horseradish), 사탕무, 큰무, 비츠루트(beetroot), 마늘, 부추, 작은 옥파, 샬롯(shallot), 양파 등

② 잎 채소류(leafy vegetables): 엔다이브(endive), 래디치오(radichio), 시금치, 상추류, 치커리(chicory), 워터크레스(watercress), 콜리플라워(cauliflower), 그린캐비지, 브루셀 스프라우트(brussels sprouts), 적채, 브로콜리(broccli), 화이트 캐비지, 사보이 캐비지, 케일 등

③ 줄기채소류(stem vegetables): 아스파라거스, 셀러리, 죽순 등

④ 버섯류: 송이버섯, 양송이, 팽이버섯, 표고버섯, 느타리버섯, 목이버섯, 송로버섯(truffle), 그물버섯(cepe), 꾀꼬리버섯(chanterelle), 곰보버섯(morel) 등

⑤ 열매와 씨를 가진 채소류(legumes graines at a fruits): 아티초크, 가지, 콩, 완두콩, 잠두콩, 옥수수, 토마토, 호박 등

2 채소의 기본 조리법

가. 데침(blanching)

물이나 기름으로 채소를 데치는데 데칠 때 물이나 기름의 양은 채소의 10배 정도의 충분한 양으로 데친다. 물로 데치는 경우에는 반드시 소금을 넣어 끓는 물에 살짝 데친 다음 꺼내어 즉시 냉수로 식혀 주면 채소의 색과 향을 오래 보존할 수 있다.

나. 삶음(boiling)

신선한 채소를 삶을 때는 깨끗이 씻어 끓는 물에 소금이나 레몬즙 등을 넣어 삶으면 좋다. 건조된 콩 종류를 삶을 때는 찬물에 담가 끓여 거품은 걷어내고 푹 무를 때까지 삶는다. 여기에 소금, 베이컨, 향신료 등을 넣으면 좋다.

다. 브레이징(braising)

채소를 기름에 볶은 다음, 여기에 스톡이나 소스 등을 부어 걸쭉하게 끓이는 방법이다.

라. 튀김(deep-fat frying)

채소를 손질하여 소금과 후추를 뿌리고 그냥 튀기는 방법과 밀가루만을 묻혀 튀기는 방법, 달걀만 묻혀서 튀기는 방법, 밀가루·달걀·빵가루를 묻혀 튀기는 방법 등 다양하다. 채소를 튀길 때 기름의 온도는 160~170℃ 정도가 적당하다.

마. 글레이징(glazing)

채소를 소금물에 삶거나 강한 불에 익혀 물기를 빼고 소스팬에 담은 후 여기에 버터, 설탕, 조미료, 소량의 용액을 첨가하고 볶으면서 농축되어 채소가 윤기 나고 외양이 반짝거릴 때까지 소스나 시럽에 굴린다. 여기에 자주 이용되는 채소는 당근, 순무, 양파같이 당(糖)을 함유한 것들이다.

바. 그라탱(gratination)

채소를 삶거나 수증기에 익힌 다음, 물기를 빼고 버터를 바른 그라탱 그릇에 담아 소스를 부어 그 위에 치즈와 녹은 버터 등을 뿌려 오븐이나 브로일러에 충분히 굽는다.

사. 소테(sauteing)

기름이나 버터를 팬에 조금 넣고 뜨겁게 열을 올려 채소를 넣어 볶아내는 방법이다.

아. 증기 찌기(steaming)

수증기로 찌는 방법으로 삶는 방법보다는 채소의 영양과 색, 향 등이 더 잘 유지될 수 있다.

자. 스튜(stewing)

기름이나 버터, 소금, 후추, 양파, 레몬, 와인, 스톡 등을 사용하며 소스팬에 담아 걸쭉하게 끓여낸다. 낮은 온도에서 충분한 시간 동안 끓이는 것이 좋다.

차. 굽기(baking)

채소를 오븐에 구워내는 방법으로 감자가 주로 이용된다.

카. 브로일링(broiling)

석쇠나 브로일러를 이용하여 직접 불에 굽는 방법이다.

3 샐러드(salads)

샐러드는 신선한 과일이나 채소류를 그 자체로 즐기거나 또는 다양한 재료를 혼합하여 샐러드 드레싱으로 조미해서 먹으며, 주식요리의 곁들임 요리로서 많이 이용된다.

샐러드는 기본재료와 주재료를 비롯하여 드레싱, 가니시(장식) 등의 네 가지로 구성되는데, 기본재료는 양상추와 같은 푸른 잎 채소이고, 주재료는 샐러드의 대부분을 이루는 식품재료이며, 드레싱은 식욕과 향미를 증진시키고 샐러드와 어울리는 것을 선택하여 먹는 이의 구미에 맞게 한다. 가니시는 샐러드 전체 요리와 색의 조화, 맛의 조화까지도 고려하여야 한다.

가. 샐러드의 종류

① **단순 샐러드(simple salad)**: 좁은 의미의 샐러드로 한 가지 재료를 이용해 만들고 주로 신선한 채소로 만든 샐러드다.

② **혼합 샐러드(mixed salad)**: 삶은 채소, 육류, 어패류, 과일, 가금류, 또는 젤라틴 등을 향신료, 가니시, 드레싱과 혼합하여 만든 샐러드다.

③ **복합 샐러드(compound salad)**: 하나의 접시 위에 질감, 맛, 향 형태가 서로 다른 다양한 샐러드의 조합으로 구성된 샐러드로 주로 메인 코스나 전채로 제공된다.

나. 샐러드를 만들 때의 주의사항

① 싱싱한 재료를 사용하며 흐르는 물에 여러 번 씻는다.

② 깨끗하고 차게 유지하여 질감이 아삭아삭하게 제공해야 한다.

③ 혼합 샐러드는 미리 만들어 맛과 향이 재료에 배게 한다.

④ 단순한 색의 혼합배열로 색대비를 하여야 한다.

⑤ 예술적 모양과 구성으로 시각적인 호감을 극대화한다.

⑥ 재료를 씻은 후에 물기를 완전히 제거한다.

⑦ 모양은 복잡하지 않고 산뜻하고 정갈하게 한다.

⑧ 샐러드는 소스와 함께 맛을 보는 습관을 갖는다.

⑨ 샐러드유는 양질이어야 하며 식초는 레몬즙, 사과초 등의 천연초가 좋다.

⑩ 용기는 금속성을 피하고 사기, 유리, 목재로 만든 용기를 사용한다.

⑪ 딱딱한 재료와 연한 재료를 혼합할 때는 자르는 모양에 주의한다. 딱딱한 재료는 작은 크기로 자른다.

⑫ 샐러드는 가급적 더운 요리와 함께 담지 않는다.

다. 드레싱

드레싱은 샐러드에 곁들여 먹는 것으로 소스(sauce) 또는 비네그레트(vinaigrette)라고 한다. 드레싱은 샐러드의 맛을 조절하고 풍미와 향미를 증진시키며, 체액을 알카리성으로 유지하는 효과를 내기도 한다.

식용유는 콩, 유채, 면실, 옥수수 등을 정제하여 만든 것을 쓰고 향미가 강한 기름으로 첨가되는 향식초는 포도 식초, 사과 식초, 맥아, 타라곤 식초, 발사믹 식초 등이 이용된다.

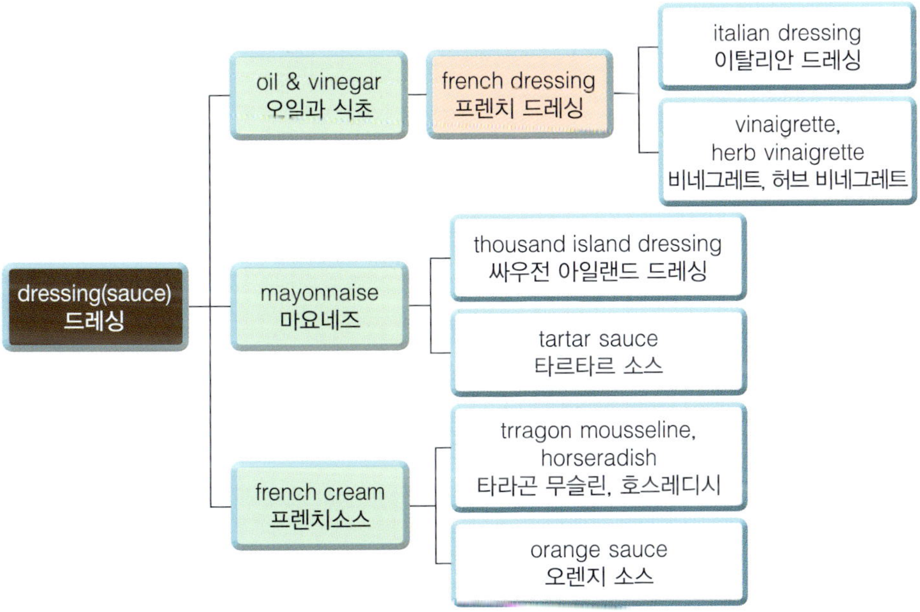

(2) 달갈요리(egg)

달걀요리는 주로 아침식사와 간단한 점심식사에 사용하며 이밖에 애피타이저(appetizer), 샐러드(salad) 및 각종 디저트(dessert)에도 많이 쓰인다.

1 달걀 조리 시 주의점

① 달걀의 껍질 부위는 작은 기공(氣空)이 많아 냄새를 잘 흡수하므로 냄새가 나는 강한 자극성 식품과 가까이 두지 않는 것이 좋다.

② 달걀 보관 시에는 수세(水洗)하지 말아야 하는데 이는 물에 씻으면 세균의 침입이 용이하여 쉽게 상하기 때문이다.

③ 냉장 보관한 달걀은 잠시 실온에 30분 정도 방치한 후 사용한다.

④ 완숙을 할 때에는 냄비에 물을 붓고 달걀을 넣고 물이 끓기 시작한 후 12~15분간 가열하며, 이때 천천히 굴려 주어야 노른자가 중앙에 위치하게 된다. 삶은 후에는 냉수에 담가 두어야 껍질이 쉽게 벗겨지며 노른자가 변색되지 않는다.

⑤ 반숙을 할 때에는 냄비에 물을 붓고 달걀을 넣어 물이 끓기 시작하면 불을 약하게 하여 8분 후에 꺼내어 차가운 물에 식힌다.

⑥ 달걀은 고온에서 갑자기 요리하면 딱딱하고 질기게 되므로 낮은 온도에서 조리하는 것이 좋다.

⑦ 수란(poached egg)을 만들 때는 신선한 달걀을 이용하여 뜨거운 물에 깨뜨린 달걀을 떨어뜨려 익힌다. 물 외에 우유를 뜨겁게 하여 익히기도 한다.

⑧ 달걀흰자의 거품을 낼 때는 실온에서 하는 것이 좋다.

⑨ 달걀의 노른자위는 거품을 내어 익힌 것이 소화율이 높고, 흰자위는 80℃ 이상에서 가열한 것이 날것이나 60℃ 에서 가열한 것보다 소화율이 더 좋다.

⑩ 달걀을 15분 이상 삶으면 노른자위의 표면에 암녹색이 나타나게 되는데 달걀을 삶아서 곧바로 냉수에 식히면 달걀의 이러한 변색을 방지할 수 있다.

2 달걀요리의 분류

가. 프라이드 에그(fried egg)

① over light: over easy보다 위쪽의 흰자를 아주 얇게 익히는 것을 말하는데 쉽지 않은 조리법으로, 달걀을 팬이나 그릴에 얹고 밑의 흰자가 어느 정도 익었을 때 얼음이나 찬물을 달걀 바로 옆에 뿌리고 뚜껑을 즉시 덮어 주어 완성한다.

② over easy: 팬이나 그릴에 샐러드유나 버터를 바른 후 달걀을 얹고서 흰자가 어느 정도 익었을 때 뒤집어 준다. 흰자만 익고 노른자는 익지 않은 상태이므로 노른자가 깨지지 않도록 한다.

③ over medium: over easy와 같은 방법으로 노른자를 반쯤 익힌다.

④ over welldone: over easy와 같은 방법이나 노른자를 완전히 익힌 요리이다.

⑤ over hard: over easy와 같은 방법이나 뒤집기 전에 노른자를 깨뜨려 완전히 익힌 상태이다.

⑥ sunny side up: 달걀의 흰자만 익히는 방법으로 태양이 떠오르는 것처럼 노른자가 선명하게 되는 조리법을 말한다.

나. 삶은 달걀(boilled egg)

달걀을 손님이 원하는 시간대로 끓는 물에 익혀서 껍질째 제공하는 요리법으로, 끓는물에서 3~5분, 반숙(medium)은 6~8분, 완숙(hard)은 10~12분간 삶는다.

다. 포치드 에그(poached egg)

식초를 물에 타서 90℃ 정도로 끓는 물에 집어넣고 3~4분간 익힌 후 스키머(skimmer)로 건져내어 토스트나 퍼프 페이스트(puff paste)에 얹어서 낸다. 우유나 토마토주스와 같은 액체를 넣고 poaching 하기도 한다.

라. 스크램블드에그(scrambled egg)

달걀에 우유나 물, 크림 등을 잘 섞어 재료를 준비한 후, 달군 프라이팬에 버터를 두르고 낮은 온도에서 나무젓가락으로 계속 휘지이서 되직하게 만든 후, 크림과 소금을 섞어 낸다. 달걀 아래 토스트 빵을 깔고 그 위에 달걀 요리를 얹어 낸다.

마. 오믈렛(omelet)

흰자와 노른자를 잘 섞어 푼 다음 오믈렛 팬에 버터를 녹여 달걀을 붓고 앞, 뒤를 당기면서 나무젓가락으로 재빨리 저어 주면서 한쪽으로 몰아 타원형을 만든다. 햄, 베이컨, 피망, 양파 등을 이용한다.

(3) 곡물요리(cereal)

곡류는 전분을 많이 함유한 것으로서 열량공급과 주식 형태로 인류에게 있어 가장 중요한 식량이다. 서양요리에 이용되는 곡류로는 밀(wheat), 보리(barley), 귀리(oat), 옥수수(corn), 쌀(rice), 호밀(rye) 등이 있다.

곡류요리는 조리하지 않고 가공된 형태로 우유에 타서 먹는 콘플레이크(corn flakes), 튀긴 쌀(puffed rice), 튀긴 밀(puffed wheat) 등이 있으며, 오트밀(oat meal, 크림휘트(cream wheat), 쌀(rice), 옥수숫가루(corn meal) 등과 같이 가열 조리하는 것이 있는데 서양요리는 주로 아침식사에 이용한다.

이외에 밀가루를 이용하여 만든 파스타(pasta) 종류의 마카로니(macaroni), 스파게티(spaghetti) 등의 면류가 있다.

1 샌드위치(sandwich)

샌드위치는 영국의 샌드위치경이 고안한 것이 각국에 전파되어 각기 특색 있게 만들어졌고, 종류는 빵, 내용물, 모양에 따라 3,000여 종에 이르고 있다.

가. 샌드위치 빵

① **빵:** 샌드위치용 빵은 구워서 12~14시간 경과된 것을 사용하고 둥글게 말고자 할 경우에는 구워서 6시간 정도의 것이 좋다.

② **빵의 두께:** 보통 6㎜가 표준이고 오픈 샌드위치는 1~2㎝가 좋다.

③ **빵의 종류:** 흰빵, 보리빵, 호밀빵, 프렌치빵, 건포도빵, 롤빵, 비스켓 등

④ **많이 사용되는 식재료**

- 야채: 양상추, 토마토, 오이, 양파, 피클, 올리브 등
- 달걀: 삶은 것, 스크램블한 것, 프라이한 것
- 치즈: 아메리칸, 모차렐라, 스위스 등
- 육류: 쇠고기, 닭고기, 칠면조고기, 햄, 베이컨, 소시지 등
- 생선류: 참치, 연어 등

나. 샌드위치 버터

버터를 빵의 한 면에 바르면 버터막을 형성하여 내용물의 물기가 빵에 스며들지 않도록 하는 역할을 한다. 샌드위치의 풍미를 더하기 위해 버터에 여러 가지 재료를 첨가하여 맛에 변화를 주기도 한다. 종류로는 겨자 버터(mustard butter), 앤쵸비 버터(anchove butter), 레몬버터(lemon butter), 파슬리 버터(parsley butter), 호스레디시 버터(horseradish butter), 그린 버터(green butter) 등이 있다.

2 샌드위치의 분류

샌드위치는 온도에 따라 차가운 샌드위치(cold sandwich)와, 뜨거운 샌드위치(hot sandwich)로 분류할 수 있다. 차가운 샌드위치는 햄버거(hamburger sandwich)를 제외한 모든 차게 먹을 수 있는 샌드위치를 말하며 뜨거운 샌드위치는 따뜻하게 먹는 것으로 햄버거가 대표적이다.

형태에 따라서는 크게 오픈 샌드위치(open sandwich)와 레귤러 샌드위치(regular sandwich)로 분류하며, 특성을 살펴보면 다음과 같다.

가. 오픈샌드위치

① **리셉션 샌드위치(reception sandwich)**: 칵테일 파티, 리셉션 또는 가벼운 뷔페에 적당한 카나페형의 작은 오픈 샌드위치를 말한다.

② **핑거 샌드위치(finger sandwich)**: 레귤러 샌드위치보다 얇은 빵을 사용하고 길이는 5~8㎝가 적당하다. 보통 5~6종류의 서로 다른 내용물로 샌드위치를 만들어 색상, 형태가 서로 조화되도록 배열해 파슬리나 피클 등을 장식해 낸다.

나. 레귤러 샌드위치

식사대용으로 먹거나 간식용 또는 야외용으로 먹을 수 있는 순수한 샌드위치를 말한다.

5) 후식(desserts)

디저트는 후식과 간식을 겸하여 그 종류가 이루 헤아릴 수 없을 정도로 많다. 디저트의 어원은 프랑스의 데세르바(desservir)에서 유래된 용어로 '치운다', '정리한다'는 뜻이다.

디저트는 식사의 마지막 코스로 대개 감미(sweet), 풍미(savoury), 과일(fruit)의 3요소가 포함된 것을 제공한다. 그러므로 당분이 적고 위에 부담이 적으며, 입맛이 개운한 것을 선택하는 것이 좋다.

(1) 디저트의 종류

1 디저트의 기본형식

① 파이류(pie)

② 케이크류(cake)

③ 푸딩류(pudding)

④ 과일류(fruit)

⑤ 젤라틴류(gelatin)

⑥ 아이스크림류(ice cream)

⑦ 셔벗류(sherbet)

⑧ 치즈류(cheese)

2 디저트의 제조과정에서 분류

가. 온제

① **베네(beignets)**: 과일을 밀가루나 빵가루에 입혀 기름에 튀긴 것으로 종류로는 과일 프리터가 있다.

② **푸딩(pudding)**: 녹말이나 밀가루 또는 달걀 밀크를 주재료로 해서 조리기나 베이킹한 것

③ **크레페(crepe)**: 팬케이크(pancake)와 비슷한 것으로 밀가루, 설탕, 달걀 등을 넣어서 만든 것

나. 냉제

① **과일(fresh or tinned fruit)**: 과일샐러드, 과일 콩포트(fruit compote)

② **각종 케이크 및 파이류**: 바바루아(bavarois)

③ **샤를로트(charlotte)**: 비스킷을 껍질로 해서 속에 크림을 넣어 차게 만든 것

④ **무스(mousse)**: 달걀, 크림을 배합하여 동결시킨 것

다. 빙과제

각종 아이스크림과 과일을 넣어 만든 아이스크림

제2장

아시아 음식의 개요

아시아는 동북아시아와 동남아시아, 남아시아로 나눌 수가 있다. 동북아시아에 위치한 국가로는 한국, 중국, 일본, 대만 등이 있고, 이 지역은 예로부터 농사를 짓고 바다를 통해 어업을 주로 하였으며, 주식으로 쌀을 먹고 콩이나 채소들을 발효시켜 먹는 식생활을 했다. 동북아시아는 우리나라와 가까이 있어 경제적으로나 문화적으로 밀접한 관계가 있다.

동남아시아는 아시아의 동남쪽에 위치하는 국가들로 태국, 라오스, 캄보디아, 미얀마, 베트남, 필리핀, 인도네시아, 말레이시아, 싱가폴 등이 이에 속한다. 특히 이 지역은 날씨가 덥고 습기가 많은 열대 몬순이나 열대 우림 기후에 속하는 지역이어서 음식의 맛이 강하고 자극적인 향신료나 향이 나는 향미채소들을 많이 사용한다. 그리고 아시아 남쪽에 위치해 있는 남아시아로는 인도, 파키스탄, 방글라데시, 스리랑카, 네팔, 부탄, 몰디브 등이 있다.

중동은 일반적으로 아프가니스탄으로부터 서쪽의 서남아시아와 아프리카 북동부의 이집트를 포함한다. 즉 전통적인 중동국가에 파키스탄, 아프가니스탄, 소말리아, 이집트, 수단, 남수단, 리비아, 튀니지, 알제리, 모로코 등을 중동이라고 하며, 이는 이슬람권·아랍권과 같은 뜻으로 사용되며 사회적 및 종교적 특성으로 특유의 음식문화를 가지고 있다.

1 중국

1) 중국의 지리적 특징

중국은 지역이 매우 넓고 각 지역에 따라 기후도 매우 다르다. 또한 지역마다 생산되는 식품재료가 매우 다양하고 양도 풍부하여 다양한 조리법과 식문화가 발달하였다. 특히 각 지역마다 다른 기후로 남부지방은 날씨가 덥고 비도 많이 와서 다습하고, 중부지방의 양쯔강 하류는 온대 습윤, 서부지방은 온대 몬순 기후가 나타나며 북부지방은 겨울에는 춥고 여름에는 비가 많고 습하다. 이처럼 지역에 따라 기후가 크게 다르다 보니 각 지역에서 생산되는 식재료가 달라서 지역마다 다른 독특한 식문화가 형성되었다.

중국은 지역에 따라 독특한 식문화가 있는데 일반적으로 중국을 북경, 광동, 상해, 사천 지역 등 네 개의 지역으로 나누어 중국의 음식문화를 설명한다.

2) 중국음식문화의 특징

① 중국음식을 만드는 재료의 선택이 매우 자유롭고 광범위하다. 이를 대변하는 말로 중국에서는 하늘을 나는 것은 비행기 빼고, 육지에서 네발 달린 것으로는 의자 빼고 다 음식을 만들 수 있다고 말할 정도이다.

② 맛이 다양하고 풍부하다. 중국음식의 특징으로 다양한 맛을 만들어 낸다.

③ 물녹말을 사용하여 조리하는 음식이 많다. 음식의 질감을 매끄럽게 하고 잘 식지 않게 한다.

④ 조리 시 불을 다루는 기술이 아주 섬세하다.

⑤ 음식의 재료를 미리 준비해 놓고 짧은 시간에 익힌다.

⑥ 기름을 사용하여 조리한다. 즉 고온에서 짧은 시간에 음식을 만든다.

⑦ 향신료와 조미료의 향을 잘 활용한다.

⑧ 조리법이 다양하다.

2 일본

1) 일본의 지리적 특징

일본은 네 개의 큰 섬으로 이루어져 있고, 중앙산맥을 중심으로 동쪽은 태평양, 서쪽은 우리나라 동해를 접하고 있다. 기후는 대체로 온대 몬순의 특징을 나타내지만 일본은 섬들이 남북으로 길게 위치하기 때문에 기후가 아열대에서 한대로 남북 간의 차이가 크다. 여름에는 고온다습하며 겨울에는 동북지역의 기온이 낮고 눈이 많이 온다. 사계절의 구분이 뚜렷하여 계절마다 다양한 농산물의 식재료를 얻을 수가 있으며, 또 섬이므로 일년 내내 신선한 해산물을 사용한 음식을 만들 수가 있어 다양한 해산물 요리가 발달했다. 일본음식은 눈과 입으로 먹는다고 말할 정도로 시각적인 면을 중요시하며, 음식의 종류나 계절에 따라 음식을 담는 그릇들로 도자기, 칠기, 죽제품, 유리제품 등의 그릇을 사용하여 음식의 아름다움을 살려 담아낸다. 일본에서는 육식문화가 발달하지 못한 대신 콩으로 만든 음식 중심의 독특한 식문화가 정착했고, 또한 생선과 채소를 중심으로 발전해 왔다.

2) 일본음식문화의 특징

① 주식과 부식이 나뉘어 있고, 주식으로 쌀밥을 먹는다.

② 콩으로 두부, 유부, 미소, 간장, 낫토 등을 많이 활용한다.

③ 계절적인 요리를 매우 중요시한다.

④ 재료의 자연 그대로의 형태와 맛을 살려서 조리한다.

⑤ 조미료를 진하게 쓰지 않는다.

⑥ 식기는 기본적으로 1인분씩 따로 쓰고 소식을 한다.

⑦ 음식을 먹을 때 젓가락만 사용한다.

⑧ 메뉴를 정할 때는 조리법을 먼저 정하고 그 후에 재료나 세부적인 내용을 결정한다.

⑨ 상차림은 조리법이 서로 다른 음식으로 구성된다. 즉 하나의 국물과 세 개의 반찬으로 구성된 일즙삼채(一汁三菜)가 일반적인 상차림이다.

⑩ 음식을 담는 그릇이 음식에 따라 각각 다르다.

⑪ 오랜 기간 육식을 금기시해서 고기요리의 역사는 매우 짧고, 연중 다양하고 신선한 해산물을 이용하는 조리 기술이 발달했다.

3 태국

1) 태국의 지리적 특징

태국음식은 프랑스 음식, 중국 음식과 더불어 세계적인 음식으로 꼽히고 있다. 태국은 열대성 기후로 우기, 건기와 열대 기후의 세계절이 있고, 세계적인 곡창지대이며 열대 과일과 향신료가 풍부한 나라이다. 태국 음식은 중국, 인도, 포르투갈 등에서 영향을 받아 독특하게 발달했다. 대표적인 음식으로는 카오팟(볶음밥), 팟타이(볶은 국수), 똠양꿍 등이 있다.

2) 태국음식의 특징

① 식사형태는 주식과 부식으로 구성된다.
② 쌀을 주식으로 하며 음식을 상에 한꺼번에 차려서 먹는다.
③ 음식 자체는 짜거나 맵지 않지만 양념이나 소스가 아주 짜거나 맵다.
④ 생선, 닭고기, 채소가 주재료이며 기름을 적게 사용한다.
⑤ 시각적인 면을 중요하게 여기며, 맛이 자극적이다.
⑥ 음식에 향기가 있으며, 단맛, 신맛과 톡 쏘는 매운맛의 복합적인 맛이 있다.
⑦ 코코넛 밀크와 남플라(피쉬소스: 생선간장)를 많이 사용한다.
⑧ 마늘, 생강, 갈랑가, 레몬그라스, 라임 등 향신료를 많이 쓴다.
⑨ 국이나 탕보다는 볶음요리가 발달하였다.

4 베트남

1) 베트남의 지리적 특징

베트남은 중국, 인도, 프랑스 등의 영향을 받았으며 그로 인해 다양한 음식문화를 형성하였다. 아시아와 유럽의 음식이 조화를 이루어 베트남 음식이 발달하였다. 베트남은 대체로 남부, 중부, 북부의 세지역으로 나누어지는데, 북부음식은 짜면서 맵고, 중부 음식은 맵게 맛을 내고, 남부 음식은 약간 달게 음식의 맛을 낸다. 음식 재료로 쌀국수 면, 닭고기, 채소를 많이 사용하고, 향신료로 생강, 고수, 레몬그라스, 박하 등을 사용하며 조미료로 라임즙, 생선간장을 많이 사용한다. 베트남 음식은 태국음식보다 매운맛, 신맛, 단맛과 허브 및 향신료를 적게 사용하며, 남부지역의 몇몇 음식을 제외하고 카레음식은 매우 드문 편이다. 베트남 음식문화는 다양한 소수민족의 음식문화에 더해 아시아와 유럽의 음식문화가 첨부되어 중국, 태국 음식과 함께 아시아의 3대 요리에 속한다고 할 만큼 고유한 음식문화를 형성한다.

2) 베트남 음식문화의 특징

① 주식과 부식의 구별이 뚜렷하고, 밥과 함께 국, 육류, 생선, 채소 등으로 만든 반찬을 먹는다.
② 채소와 어패류를 많이 사용하고, 긴 중국식 젓가락을 사용한다.
③ 기름을 적게 사용하여 맛이 담백하다.
④ 태국음식보다 자극적인 향신료를 적게 사용하여 덜 맵다.

⑤ 생선을 발효시킨 느억맘(생선간장)이 중요한 조미료이다.
⑥ 특유의 향을 지닌 향미채소를 여러 음식과 함께 생것으로 먹는다.
⑦ 맵고, 시고, 쓰고, 달고, 짠 요리가 주류를 이룬다.
⑧ 음식에 코코넛 밀크를 거의 사용하지 않는다.
⑨ 길거리 음식이 다양하게 발달하였다.

5 인도

1) 인도의 지리적 특징

인도는 중동아시아와 동남아시아를 잇는 중간에 있고, 동서로는 인더스강 유역에서 갠지스강까지, 남북으로는 히말라야에서 케이프 코모린까지의 광대한 영토를 지닌 나라이다. 인구는 중국에 이어 두 번째로 많고, 인도는 다인종 국가일 뿐 아니라 중동 및 서양문화의 영향을 받아서 음식도 지역과 종교에 따라 매우 종류도 다양하고 음식의 색과 맛, 질감 등이 조화롭다. 힌두교들은 대부분 채식주의자이고, 이슬람교도, 시크교도, 기독교도들은 비채식주의자다. 종교적 또는 경제적인 이유로 인도인들은 곡물과 콩으로부터 단백질을 섭취하고, 우유로 만든 다히(dahi)와 버터를 요리에 많이 이용하므로 영양학적으로 별 문제가 없다. 인도인들은 주로 단백질을 콩류와 우유, 치즈, 요구르트 등의 유제품으로 섭취하고, 육류로는 닭고기와 양고기를 주로 먹으며 생선을 먹기도 한다. 엄격한 채식을 하는 사람들은 심지어 달걀조차도 먹지 않는다.

2) 인도 음식의 일반적인 특징

① 음식이 개인별로 한꺼번에 제공된다.

② 인도의 모든 음식에는 향신료가 다 들어있다.

③ 음식에는 장시간 은근하게 쪄서 향신료가 잘 스며들어 깊은 맛이 난다.

④ 인도 국민의 30% 정도가 엄격한 채식주의자다.

6 터키

1) 터키의 지리적 특징

유럽과 아시아 사이의 동쪽과 서쪽의 십자로에 위치한 터키는 동서양의 양쪽 문화를 융합 · 조화시켜 새로운 문화를 만들었고, 인구의 대부분이 이슬람교도이다. 흑해 연안은 온난한 기후, 내륙은 대륙성 기후와 터키의 독특한 지형으로 다양한 기후대가 나타나나 전체적으로 볼 때 여름에는 덥고 건조하므로 식사할 때 물을 많이 마시고 종일 진한 홍차를 마시는 문화를 가졌다. 그들은 밤에 손님을 집에 초대해 음식을 나누어 먹는 것을 즐기고, 특히 이슬람교는 술을 금하기 때문에 사람들이 단 음식을 더 좋아하는 편으로 단음식의 종류가 많다. 한편으로 맵고 자극적인 향신료를 많이 사용하기 때문에 우리나라 사람들의 입맛에도 잘 맞는 편이다. 터키인들은 쇠고기보다 양고기를 더 좋아하기 때문에 양고기가 쇠고기보다 더 많이 소비되며, 술과 돼지고기는 법에 따라 엄하게 금지되어 있어서 먹지 않는다. 국토의 상당부분이 바다와 접해서 생선을 이용한 요리가 발달하였고, 프랑스 요리, 중국 요리와 함께 세계 3대 요리로 꼽히는 터키요리는 양젖과 양고기를 기본으로 하여 다양하고 독특한 맛을 낸다.

2) 터키 음식문화의 특징

① 스파이스와 허브를 많이 사용하여 음식이 맵기 때문에 후식으로 단 음식을 즐긴다.

② 양이나 소의 젖을 발표시킨 요구르트를 수프, 샐러드 드레싱, 음료 등에 다양하게 사용한다.

③ 굽는 요리를 좋아하고 육류를 많이 먹는다.

④ 대부분의 이슬람 문화권 나라와 달리 비교적 음주에 관대하여 자유롭게 술을 마시는 편이나, 대부분 정해진 장소에서 마시고 과도한 음주는 삼가는 편이며 한두 잔 즐기는 정도이다.

⑤ 뜨거운 음식을 식힐 때 입으로 불어서 식히지 않는다.

⑥ 음식을 주고받을 때 반드시 오른손을 사용한다.

제2부

외국음식 조리

제3장

서양음식 조리

1 전채요리

(1) 새우 카나페(shrimp canape)

〈재료 및 분량〉

새우 - 2마리
식빵 - 2장
달걀 - 1개
파슬리 - 1줄기
버터(또는 마요네즈) - 2큰술
토마토케첩 - 1큰술
소금 - 1작은술
후춧가루 - 약간
이쑤시개 - 1개

만드는 법

① 새우는 껍질을 벗기고, 이쑤시개를 사용하여 등쪽에서 내장을 빼낸다.

② 끓는 물에 소금을 넣고 새우를 데친 후 식혀 둔다.

③ 식빵을 직경 4㎝ 원형으로 잘라 토스트 한다.

④ 달걀을 완숙으로 삶아 두께 0.3㎝ 정도로 통썰기 한다.

⑤ 빵에 마요네즈나 버터를 바른 후 달걀을 올려놓고 그 위에 새우를 올려놓는다.

⑥ 새우 위에 토마토케첩을 올려놓고 파슬리로 장식한다.

(2) 치즈 카나페(cheese canape)

〈재료 및 분량〉

식빵 - 1개
치즈 - 1장
셀러리(또는 건포도) - 5g
호두 - 5g
버터 - 약간
파슬리 - 약간

만드는 법

① 빵에 버터를 바르고 살짝 굽는다.

② 구운 식빵은 한입 크기로 모양을 내서 자른다.

③ 모양을 내서 자른 빵 위에 치즈를 알맞게 잘라 얹는다.

④ 그 위에 셀러리를 잘게 썰어 놓거나 호두를 잘라 얹어 놓으면 된다.

*식빵은 개인 취향에 따라 굽거나 생식빵을 사용한다.

(3) 햄 카나페(ham canape)

〈재료 및 분량〉

식빵 – 1개
햄 – 10g
버터 – 5g
체리 – 2알
파인애플 – 1장
파슬리 – 1줄기
치즈 – 1장

만드는 법

① 빵에 버터를 바른 후 모양을 내서 잘라 놓는다.

② 햄은 슬라이스하여 ①의 빵보다 약간 작은 크기로 모양을 내서 자른다.

③ 햄을 ①의 빵 위에 얹는다.

④ 치즈도 남은 것이 있으면 모양을 내서 빵 위에 올린다.

⑤ 파인애플과 체리, 파슬리 등으로 장식하여 그릇에 담아낸다.

*개인 취향에 따라 식빵을 굽거나 생식빵을 사용한다.

(4) 훈제연어 카나페(smoked salmon canape)

〈재료 및 분량〉

크래커 – 10개
버터 – 5g
훈제연어 – 100g
케이퍼 – 20개
호스레디시 – 50g
파슬리 – 약간
통후추 – 약간
파프리카(노란색) – ½개

만드는 법

① 크래커에 버터를 살짝 바르고 그 위에 호스레디시를 얹는다.

② 훈제한 연어는 폭 3㎝, 길이 15㎝로 길게 잘라 둔다.

③ 잘라 둔 연어는 케이퍼를 가운데 넣고 돌돌 말아서 ①에 얹는다.

④ ③을 접시에 담고 파슬리 잎과 파프리카로 장식하여 통후추를 갈아 뿌려서 상에 낸다.

(5) 참치 칵테일(tuna cocktail)

〈재료 및 분량〉

참치(통조림) – 300g
레몬 – 1개
양상추 – 6 장
파슬리 – 1줄기
부추 – 약간
오이 – ½개
토마토 – ½개
토마토케첩 – 60㎖
핫소스 · 칠리소스 – 각 1큰술
호스레디시 – 12g
우스터 소스 – 2큰술
소금 · 후춧가루 – 약간

만드는 법

① 참치를 체에 걸러 기름을 빼고 잘게 부순다.

② 토마토와 오이를 잘게 다져서 ①의 참치와 섞는다.

③ 토마토케첩, 핫소스, 호스레디시 크림, 우스터 소스, 후춧가루와 소금 등을 잘 혼합하여 아메리칸 칵테일 소스를 만든다.

④ 칵테일 글라스에 양상추 한장을 깐 후 참치를 얹고 그 위에 소스를 얹어 레몬과 부추와 파슬리로 장식해서 낸다.

(6) 스터프드 에그(stuffed egg)

〈재료 및 분량〉

달걀 – 5개
식초 – 1큰술
셀러리 – 10g
소금 · 후춧가루 – 약간
마요네즈 – 1큰술
양상추 – 10g
파슬리 – 1줄기
햄 – 15g
양겨자(머스터드) – 5g
올리브 – 3개

만드는 법

① 달걀은 실온에서 두 시간 두었다가 소금 10g과 식초를 넣은 끓는 물에서 굴리면서 완숙이 되게 삶는다.

② 삶은 달걀은 차게 식힌 다음 껍질을 벗기고 양 끝을 약간 잘라 바닥에 놓았을 때 움직이지 않게 한다.

③ 달걀을 반으로 잘라 노른자위는 체에 으깨어 곱게 한 뒤 다진 햄과 셀러리, 양겨자(머스터드), 마요네즈, 소금, 후춧가루 등과 잘 섞어 별 모양 깍를 끼운 패스트리 백(pastry bag)에 넣는다.

④ 달걀흰사는 깨끗이 씻어서 가운데에 양상추를 한 쪽씩 놓는다.

⑤ ③을 ④의 위에 돌리면서 짜고 꼭대기를 파슬리, 올리브 등으로 장식한다.

(7) 스터프드 셀러리(stuffed celery stalks)

〈재료 및 분량〉

호두(깐 것) - 50g
고르곤졸라 치즈 - 150g
크림치즈 - 100g
셀러리 - 5줄기
건포도 - 약간

만드는 법

① 호두는 뜨거운 물에 잠깐 두었다가 속껍질을 벗기고 작게 다진다.

② 치즈는 잘게 다진 후 호두와 함께 믹싱볼에 섞는다.

③ 셀러리의 모양을 다듬고 줄기를 충분히 씻어 머리 쪽 부분으로 하여 10㎝ 길이로 자른다.

④ 섞은 재료를 패스트리 백에 담아서 셀러리 줄기에 채워 넣고, 그 위에 건포도를 하나씩 얹는다.

⑤ 상에 낼 때까지 차가운 곳에 보관한다.

(8) 세이버리 피클(savory pickles)

만드는 법

① 양배추는 겉잎을 제거하고 다듬어서 쿠킹호일로 싼 다음 접시 중앙에 담는다.

② 소시지는 1.5㎝ 길이로 자르고 무늬를 넣어 볶아 둔다.

③ 피클은 소시지보다 약간 작게 썬다.

④ 치즈는 중탕으로 녹여 1.5㎝ 되는 긴 막대로 만들어 오이길이와 같게 자르거나 또는 치즈볼로 만든다.

⑤ 꼬챙이에 소시지, 오이피클, 올리브, 치즈, 체리 등을 모양과 색, 맛에 맞게 3~4가지 꽂아 양배추에 꽂고 꼬챙이 빈틈 사이사이에 파슬리로 장식한다.

*메추리알을 사용하여 색깔을 맞추기도 한다.

〈재료 및 분량〉

양배추 – ½통
치즈 – 50g
위너소시지 – 15개
오이피클 – 3개
올리브 – 15개
꼬챙이 – 15~20개
파슬리 – ½단
체리 – 15개

(9) 스터프드 오이(stuffed cucumber)

〈재료 및 분량〉

오이 – 2개
게살 – 100g
소금 – ⅓큰술
후춧가루 – 약간
레몬즙 – 1큰술
마요네즈 – 2큰술

만드는 법

① 연한 오이를 소금으로 비벼 깨끗이 씻어 양끝을 잘라낸 후 길이로 반으로 잘라 둔다.

② 나무젓가락으로 오이 속을 파낸다.

③ 게살을 다져 마요네즈와 소금, 후춧가루, 레몬즙을 넣고 버무려 오이 속에 채워 넣는다.

④ 통으로 자른 것은 2㎝ 두께로 단면이 보이게 썰고 세로로 자른 것은 다른 애피타이저와 함께 곁들여 담는다.

(10) 스터프드 토마토와 게살(stuffed tomato with crabmeat)

〈재료 및 분량〉

토마토 – 2개
게살 – 100g
마요네즈 – 2큰술
소금 · 후춧가루 – 약간
설탕 – 1작은술
양상추 – 1~2장
메추리알 – 5개
올리브 – 5개
파슬리 – 1줄기

만드는 법

① 토마토를 웨이지(반달형 썰기)로 6등분한 후 속을 꺼내 둔다.

② 게살을 결대로 잘 풀어 마요네즈, 소금, 후춧가루, 설탕 등을 넣고 잘 섞는다.

③ 토마토 위에 양상추를 조금 깔고 ②를 그 위에 얹은 후 삶은 메추리알을 잘라서 놓는다.

④ 올리브를 잘라 얹고 파슬리로 장식한다.

2 수프 조리

(1) 감자수프(cream of potato soup)

〈재료 및 분량〉

감자 – 400g
양파 – 100g
대파 – 50g
치킨 스톡 – 800㎖
파슬리 – 2대
생크림 – 100㎖
버터 – 40g
흰빵 – 1장
부케가니 – 1묶음

만드는 법

① 감자의 껍질을 벗기고 납작하게 썰어 물에 담가 둔다.
② 식빵을 7㎜ 크기로 썰어 버터를 두른 팬에서 볶아 크루통을 만든다.
③ 양파와 대파를 잘게 썰어 버터로 볶는다.
④ 감자, 스톡, 부케가니를 넣고 끓인다.
⑤ 30분 정도 끓이면 체에 거른 다음 생크림, 소금, 후춧가루로 간을 한다.
⑥ 그릇에 담고 크루통과 파슬리 다진 것을 띄워 낸다.

(2) 프렌치 양파수프(french onion soup)

〈재료 및 분량〉

양파 – 300g
버터 – 50g
브라운 스톡 – 900㎖
우스터 소스 – 1큰술
바게트 – 5조각
조미용 버터 – 20g
마늘(다진 것) – 1쪽
파슬리 – 2대

만드는 법

① 양파를 가늘게 채를 썬 다음 팬에 버터를 두르고 진한 갈색이 날 때까지 충분히 볶아 준다.

② 브라운 스톡을 붓고 약한 불에 오래 끓인다.

③ 버터에 마늘과 파슬리 가루를 섞어서 바게트 빵에 바른 후 팬에 구워 둔다.

④ 수프가 다 되면 조미용 버터와 우스터 소스를 넣고 다시 끓인 다음 수프를 그릇에 담아 구워 둔 바게트 빵을 띄운다.

⑤ 파마산 치즈나 에멘탈 치즈를 얇게 슬라이스해서 얹고 오븐에 굽는다.

⑥ 치즈가 녹으면 꺼내서 제공한다.

* 양파를 볶을 때 부서지지 않게 조심하고 수프의 색깔과 농도에 유의한다.

(3) 당근 크림수프(cream of carrot soup)

〈재료 및 분량〉

당근(썬 것) - 300g
양파(다진 것) - 150g
치킨 스톡 - 500㎖
버터 - 2큰술
밀가루 - 2큰술
우유 - 200㎖
소금 · 후춧가루 - 약간

만드는 법

① 소스팬에 버터를 두르고 당근, 양파 썬 것을 넣고 볶다가 스톡을 붓고 채소가 부드러워질 때까지 끓인다.

② 불을 끈 후 어느 정도 식으면 블렌더에 갈아 놓는다.

② 버터를 녹이고 밀가루를 넣고 황색 루(blonde roux)를 만든 후 육수를 조금씩 부어 잘 풀어 준 다음 ①을 섞어 다시 끓인다.

④ 농도가 걸쭉하게 되면 우유를 넣어 농도를 맞추고 소금과 후춧가루로 간을 하여 낸다.

(4) 옥수수수프(corn soup)

〈재료 및 분량〉

옥수수캔 – 400g
우유 – 800ml
양파(다진 것) – 2큰술
버터 – 2큰술
밀가루 – 2큰술
조미용 버터 – 약간
파슬리 – 약간
소금 · 후춧가루 – 약간

만드는 법

① 넓고 두꺼운 소스 팬에 우유 600ml를 넣어 불 위에 올려 데워 놓는다.

② 다진 양파를 버터에 부드러워질 때까지 볶는다.

③ 볶은 양파와 옥수수를 블렌더에 갈아 체에 거른다.

④ 버터와 밀가루로 갈색 루를 만들어 남은 우유를 붓고 잘 풀어 준 다음 데워 놓은 우유를 섞어 끓을 때까지 계속 저어 준다.

⑤ ④에 ③을 넣고 끓이면서 소금과 후춧가루로 간을 한다.

⑥ 조미용 버터를 넣고 다진 파슬리로 가니시한 뒤 낸다.

(5) 버섯 크림수프(cream of mushroom soup)

〈재료 및 분량〉

버터 – 50g
양파(다진 것) – ½컵
양송이버섯 – 400g
밀가루 – ¼컵
정향 꽂은 마늘 – 1개
쇠고기 스톡 – 1컵
치킨 스톡 – 1컵
우유 – 1컵
생크림 – 1컵
화이트 와인 – 2큰술
소금 · 후춧가루 – 약간

만드는 법

① 냄비를 달궈서 버터를 두르고 양파와 버섯 채 썬 것을 넣어 부드러워질 때까지 볶는다.

② ①에 버터와 밀가루를 첨가하여 한데 볶다가 육수를 적당량 부어 식힌 다음 블렌더에 간다.

③ ②를 소스 팬에 담고 여기에 나머지 육수와 우유, 마늘에 정향 꽂은 것 등을 넣고 끓이면서 소금, 후춧가루 등을 넣어 기본 간을 한다.

*garlic clove: 통마늘에 정향을 꽂은 것

④ 농도가 완성되면 마늘과 정향을 빼고 크림과 화이트 와인을 넣고 저으면서 다시 끓인 후 서빙한다.

(6) 야채수프(vegetable soup)

만드는 법

① 모든 야채를 1.5㎝ 정사각형으로 자른다.

② 소스 팬을 달궈서 버터를 넣어 녹인 후 통마늘을 넣고 볶는다.

③ 감자, 토마토를 제외한 나머지 야채를 넣고 볶는다.

④ ③에 밀가루를 넣고 볶은 다음 토마토 페이스트를 넣고 충분히 볶다가 고기 스톡을 붓고 30~40분 정도 끓인다.

⑤ 감자, 토마토를 넣고 익으면 소금, 후춧가루로 간을 하고 마무리한다.

⑥ 그릇에 담고 파슬리를 다져서 뿌린다.

〈재료 및 분량〉

양파 – 100g
당근 – 100g
셀러리 – 100g
양배추 – 100g
대파 – 100g
감자 – 100g
토마토(완숙) – 200g
마늘 – 1쪽
버터 – 2큰술
밀가루 – 2큰술
토마토 페이스트 – 3큰술
소금 · 후춧가루 – 약간
파슬리 – 1줄기

고기 스톡

양파 – ½개
당근 – ½개
셀러리 – 1줄기
파슬리 – 1줄기
월계수잎 – 1장
쇠고기 양지 – 200g
통후추 – 10알
물 – 10컵

– 고기 스톡 만들기–

① 물을 분량대로 넣고 물이 끓으면 고기와 준비된 재료를 넣고 2시간 정도 끓인다.

*센불에서 끓이다 끓기 시작하면 약불로 낮추어 끓인다.

③ 끓인 고기 스톡은 면포에 걸러서 맑은 국물만 사용한다.

(7) 러시안 야채수프(russian vegetable soup)

〈재료 및 분량〉

쇠고기 – 200g
양배추 – 200g
양파 – 100g
당근 – 100g
셀러리 – 100g
버터 – 2큰술
토마토 퓨레 – ½컵
물 – 8컵
소금 · 후춧가루 – 약간

만드는 법

① 쇠고기를 큼직하게 썰어 냄비에 담고 물을 부어 약한 불에서 푹 끓인다.

② 야채는 똑같은 크기로 깍둑썰기해 둔다.

③ 달군 팬에 버터를 녹이고 깍둑썰기해 둔 채소들을 넣고 볶아 둔다.

④ 소고기를 끓인 냄비에 토마토 퓨레를 넣고 30분 정도 끓이다가 볶아 둔 채소들을 넣고 10분 정도 더 끓인다.

⑤ 소금과 후춧가루로 간한다.

(8) 조개 차우더 수프(clam chowder soup)

〈재료 및 분량〉

대합조개(또는 개조개) – 2개
감자 – 150g
양파 – ½개
베이컨 – 1장
버터 – 3큰술
밀가루 – 3큰술
고기 스톡 – 4컵
우유 – 1컵
소금 · 후춧가루 – 약간
화이트 와인 – ½컵
우스터 소스 – 2큰술

만드는 법

① 대합조개나 개조개를 잘 씻어 소금물에 담가 모래를 뱉게 한 후 껍질과 육질을 분리하여 조갯살을 큼직하게 잘라 둔다.

② 양파는 다져 냄비에서 볶다가 준비된 조개를 넣고 볶다가 화이트 와인을 붓고 다시 볶는다.

③ 감자, 베이컨을 채 썰기를 하여 버터에 볶아 놓는다.

④ 버터에 밀가루를 넣고 색이 나지 않도록 볶은 후 육수를 부어서 ③을 넣고 끓인다.

⑤ 끓인 후 우유로 농도를 맞춘 후 우스터 소스를 넣고 소금과 후춧가루로 간을 한다.

(9) 오이 냉 수프(cucumber dill soup)

〈재료 및 분량〉

오이 - 2개 반
양파 - ½개
치킨 스톡(찬 것) - 500㎖
크림치즈 - 50㎖
생크림 - 50㎖
플레인 요구르트 - 100㎖
레몬즙 - 2큰술
딜(허브) - 6g
소금 · 후춧가루 - 약간

만드는 법

① 오이 1/2개는 소금으로 깨끗이 씻어서 껍질째 2㎜ 두께로 동그랗게 얄팍하게 썰어 둔다. 딜도 깨끗이 씻어 물기를 뺀 다음 송송 썰어 둔다.

② 블렌더에 오이, 양파, 찬 육수를 넣고 갈아 놓는다.

③ 크림치즈, 생크림, 요구르트를 넣어서 섞는다.

④ 레몬즙과 썰어 둔 딜을 넣은 다음 소금, 후춧가루로 간을 맞춘다.

⑤ 완성된 수프를 그릇에 담고 썰어 둔 오이를 보기 좋게 얹어 상에 낸다.

*냉 수프는 되도록 차게 해서 낸다.

3 해산물 조리

(1) 생선 뮤니엘(fish meuniere)

〈재료 및 분량〉

가자미 – 3마리
레몬 – 1개
소금 · 후춧가루 – 약간
파슬리 – 50g
버터 – 2큰술
밀가루 – 4큰술

만드는 법

① 가자미는 잘 씻은 다음 세 장의 휠렛을 떠내고 껍질을 벗겨 낸다.
*휠렛은 생선은 뼈와 분리해서 포를 뜨는 것을 말한다.

② 파슬리의 반은 곱게 다져서 물에 헹구어 물기를 없앤다.

③ 손질한 가자미 살에 소금과 후춧가루를 뿌리고 밀가루를 묻혀서 팬에 버터를 두르고 익혀 낸다.

④ 생선 익힌 팬에 나머지 버터를 녹인 후 1/2개의 레몬으로 레몬즙을 뿌려 소스를 만든다.

⑤ 생선을 접시에 담은 후 소스를 끼얹고 다진 파슬리를 뿌린 후 남은 레몬과 파슬리로 장식을 한다.
*생선살이 흐트러지지 않도록 주의한다.

(2) 생선튀김(deep fat fried fish)

〈재료 및 분량〉

흰살생선 - 3마리
우유 - 300mℓ
밀가루 - 100g
식용유 - 적당량
소금 · 후춧가루 - 약간
감자 - 2개
완두콩 - 50g
파프리카(빨간색) - 1개
레몬 - 1개
파슬리 - 약간

만드는 법

① 생선은 3장 뜨기를 한다. 1인분에 3~4쪽으로 자른다.

② 우유에 30분쯤 담근 후 꺼내 소금, 후춧가루를 뿌리고 밀가루를 묻히고 기름에 튀겨 낸다.

③ 감자는 삶은 후 으깨서 매시드 포테이토를 만들어 둔다.

④ 파프리카는 반으로 자르고 씨를 빼고 굵게 잘라 둔다.

⑤ 파프리카를 볶다가 완두콩도 같이 넣고 볶는다. 기호에 따라 소금과 후춧가루로 간을 한다.

⑥ 접시에 튀긴 생선과 준비된 야채들을 담고 레몬을 웨이지로 썰어서 같이 담아 서빙한다.

(3) 조개 그라탱(scallops au gratin)

〈재료 및 분량〉

대합(또는 홍합) – 6개
화이트 와인 – 2큰술
소금 · 후춧가루 – 약간
버터 – 2큰술
밀가루 – 2큰술
양파 – ½개
우유 – ½컵
파슬리 – 6줄기
빵가루 – 4큰술
피자치즈 – 150g
감자 – 200g

만드는 법

① 대합 또는 홍합은 껍질과 속을 분리시켜서 조갯살을 꺼내어 화이트 와인과 소금, 후춧가루로 조미하여 살짝 볶는다.

② 양파와 파슬리는 따로 곱게 다져 둔다. 파슬리는 물에 씻어서 물기를 빼 둔다.

③ 냄비에 버터를 녹이고 잘게 다진 양파를 볶다가 밀가루를 넣어 색이 나지 않게 은은한 불에서 볶은 후 우유를 넣어 소스를 만든다.

④ ①에 ②의 다진 파슬리를 넣고 잘 섞는다.

⑤ 감자는 2~3등분하여 잘 삶은 후 뜨거울 때 체에 내려 버터, 소금, 후춧가루로 간을 한다.

⑥ 조개껍질이나 접시에 ④를 담고 으깬 감자를 튜브에 넣고 조개나 접시 가장자리에 장식한 후 180℃의 오븐에서 갈색이 날 때까지 익힌 후에 빵가루와 치즈를 위에 뿌리고 다시 한소끔 익힌다.

(4) 생선 그라탱(fish gratin)

〈재료 및 분량〉

흰살생선 – 300g
양송이버섯 – 100g
소금 · 후춧가루 – 약간
모차렐라 치즈 – 150g
빵가루 – 100g
버터 – 2큰술
베샤멜 소스 – 2컵
양파 – 150g

베샤멜 소스 재료
버터 – 2큰술
밀가루 – 2큰술
우유 – ½컵
스톡(육수) – ½컵
후추 – ⅕작은술
소금 – ⅕작은술

만드는 법

① 생선은 소금과 후춧가루를 뿌려 접시에 담아 찜통에 쪄서 가시를 골라낸 후 부수어 놓고 양파, 송이버섯은 얇게 썰어 놓는다.

② 생선 찔때 접시에 고였던 국물을 이용하여 베샤멜 소스를 만든다.

③ 그라탱 접시에 버터를 바르고 베샤멜 소스, 생선, 양파, 송이버섯, 빵가루와 치즈의 순서로 되풀이하여 그릇에 담고 그 위에 빵가루나 치즈를 얹는다.

④ 220℃로 예열한 오븐에 넣어 약 10분간 구워낸다.

– 베샤멜 소스 만드는 법 –

① 밀가루는 체에 쳐서 준비하고 우유를 중탕으로 데워 놓는다.

② 버터를 팬에 녹이고 밀가루를 넣고 골고루 잘 볶는다.

③ 계속 젓다가 밀가루와 버터의 혼합물이 윤이 날 정도가 되면 화이트 루가 된 것으로 보고 일단 불에서 내려 식힌다.

④ 식힌 루에 데운 우유를 조금씩 넣으면서 루를 잘 풀어 준다. 멍울이 생기면 체에 한 번 거른다.

⑤ 소금과 후춧가루로 간을 한 다음 거즈나 고운 체에 거른다.

⑥ 불에서 내려놓기 전에 조미용 버터를 넣는다.

⑦ 보관 시에는 차갑게 식힌 다음 표면에 버터를 발라 보관하면 수분 증발을 막아 딱딱하게 굳는 것을 방지할 수 있다.

(5) 연어 마요네즈 구이

〈재료 및 분량〉

생연어(스테이크용) – 2조각
레몬 – ½개
양파 – ½개
로즈마리 – 약간
소금 · 후춧가루 – 약간

소스
마요네즈 – ½컵
게살(게맛살 또는 랍스틱) – 6조각
양파 – ½개
청피망 – ½개
홍피망 – ½개
날치알 – 100g
소금 · 후춧가루 – 약간

만드는 법

① 연어는 비늘을 벗기고 깨끗이 손질한 뒤 약간의 칼집을 넣고 약간의 로즈마리, 소금, 후춧가루, 레몬즙을 뿌려 둔다.

② 게맛살은 가늘게 결대로 찢어 두고, 소스에 들어가는 양파, 청 · 홍피망도 조금 굵게 다져 둔다. 양파는 조금 굵게 채를 썰어 살짝 볶다가 소금으로 간을 해 둔다.

③ 마요네즈에 찢은 게맛살과 다진 양파, 청 · 홍피망, 날치알, 후추 등을 넣고 잘 섞어 둔다. 싱거우면 소금으로 간을 한다.

④ 볶은 양파를 밑에 깔고 준비된 연어를 놓고 10분간 오븐에서 굽다가, 연어 위에 준비된 소스를 얹고 180℃로 15분간 굽는다.

⑤ 다 구운 연어는 구운 양파와 같이 접시에 담아낸다.

4 쇠고기

(1) 비프스튜(beef stew)

〈재료 및 분량〉

쇠고기(덩이) – 200g
당근 – 100g
감자 – 200g
양파 – 100g
마늘 – 6쪽
셀러리 – 3줄기
토마토 페이스트 – 50g
버터 – 40g
밀가루 – 30g
파슬기 – 3줄기
정향 – 5개
월계수잎 – 3장
소금 · 후춧가루 – 약간
브라운 스톡 – 5컵
다임 – 4g
와인 – 약간

만드는 법

① 쇠고기는 2.5㎝ 크기로 썬다.

② 마늘은 곱게 다진다. 셀러리, 당근, 감자, 양파를 다듬어서 2㎝ 크기로 썬다.

③ 팬에 버터를 두르고 마늘을 넣고 볶다가 갈색이 나면 쇠고기를 넣고 볶는다.

④ 갈색이 나면 야채를 넣고 잠시 볶는다.

⑤ 버터와 밀가루로 브라운 루를 만들어 ④에 넣고 볶다가 토마토 페이스트를 넣고 볶는다.

⑥ ⑤에 브라운 스톡을 조금씩 첨가한다.

⑦ 정향, 다임, 파슬리, 월계수 잎으로 부케가니를 만들어 넣고 은근하게 끓인다.

⑧ 약 40분 후에 간을 하고 꺼내어 부케가니를 건져 낸다.

⑨ 그릇에 담아 다진 파슬리를 뿌려 준다.

*소스의 농도와 분량에 주의하고 농도는 수프보다는 약간 되게 하는 것이 좋다.

(2) 등심 스테이크(sirloin steak)

〈재료 및 분량〉

쇠고기 등심(스테이크용) - 300g
당근 - ½개
새송이 버섯 - 100g
마늘 - 4쪽
브라운 스톡 - 1컵
버터 - 50g
식용유 - 약간
소금 - 약간
후춧가루 - 약간
설탕 - 약간
밀가루 - 약간
양파 - 100g
토마토 페이스트 - 100g
파슬리 - 50g

만드는 법

① 새송이 버섯은 7㎝ 길이로 잘라서 조금 굵게 자르고 넓이를 2등분으로 자르고 납작납작하게 자른다.

② 양파도 가늘게 채로 썰어 잘라 둔 버섯과 같이 볶다가 소금으로 간을 한다.

③ 당근은 0.3㎝ 정도의 두께로 썰어 설탕을 넣어 익힌 다음 소금, 버터 등을 넣어 윤기나게 볶은 후 파슬리 다진 것을 뿌려 낸다.

④ 등심은 스테이크용으로 잘라서 소금, 후춧가루를 뿌려 둔다. 30분 지난 후 팬을 달구어 센불에 양면을 갈색 나게 익힌 뒤 불을 낮춰서 속을 익힌다. 이때 마늘과 같이 구우면 좋다.

*마늘은 편으로 잘라서 사용하면 좋다.

⑤ 팬에 버터와 밀가루를 넣어 브라운 루를 만들어 토마토 페이스트를 넣어 볶다가 브라운 스톡을 넣어 끓인 후 걸러서 간을 맞추고 소스를 만든다.

⑥ 준비된 것들을 접시에 모양 있게 담아낸다.

(3) 살리스버리 스테이크(salisbury steak)

〈재료 및 분량〉

쇠고기(다진 것) – 200g
돼지고기(다진 것) – 100g
양파(다진 것) – 100g
달걀 – 1개
우유 – 2큰술
빵가루 – 100g
소금 · 후춧가루 – 약간
식용유 – 약간
시금치 – 150g
당근 – ½개
파슬리(다진 것) – 30g

만드는 법

① 다진 양파는 살짝 볶아서 식힌다.

② 볶은 양파, 쇠고기와 돼지고기 다진 것, 빵가루, 소금, 후춧가루, 우유, 달걀 등을 잘 섞어 가운데가 얇은 타원형으로 만든다.

③ 팬에 기름을 두르고 가열한 다음 타원형의 고기를 한쪽 면 먼저 갈색이 나게 구운 다음 뒤집어서 은근한 불에서 익힌다.

④ 당근을 작은 당근 모양으로 다듬어 데친 다음 버터를 넣고 볶아서 소금 간을 한다.

⑤ 시금치는 소금물에 데친 후 찬물에 식혀서 3㎝ 길이로 잘라 버터를 넣고 볶는다.
*기호에 따라 소금과 후추로 간을 한다.

⑥ 접시에 준비된 야채를 예쁘게 놓고 고기를 담아낸다.

(4) 비프커틀릿(beef cutlet)

〈재료 및 분량〉

쇠고기(커틀릿용) - 300g
밀가루 - 100g
달걀 - 4개
빵가루 - 250g
식용유(튀김용) - 800㎖
소금 · 후춧가루 - 약간
토마토 - 2개
오이 - 1개
콜리플라워 - 300g

만드는 법

① 고기를 두들겨 납작하게 한 후 칼집을 몇 군데 넣는다.
② 소금과 후춧가루를 고기에 뿌리고 밀가루를 묻힌 후, 달걀을 풀어 골고루 묻힌다.
③ 달걀을 묻힌 고기를 빵가루에 묻혀, 온도 180℃ 정도로 달구어진 기름에 튀겨 낸다.
④ 토마토는 깨끗이 씻고 크기에 따라서 3~4조각으로 자른다.
⑤ 오이는 껍질을 벗기고 둥글게 잘라 둔다.
⑥ 콜리플라워는 취향에 따라 생것으로 내기도 하고 살짝 데쳐서 접시에 같이 곁들여서 낸다.

(5) 미트볼(meat ball)

〈재료 및 분량〉

쇠고기(간 것) - 200g
빵가루 - 1컵
우유 - 3큰술
양파 - 50g
달걀 - 1개
올스파이스 - 약간
레드 와인 - 2큰술
파슬리 - 1줄기
소금 · 후춧가루 - 약간
브라운 그레이비 소스 - 3컵

만드는 법

① 양파를 곱게 다져 노릇노릇하게 볶아 놓는다.

② 쇠고기 간 것, 볶은 다진 양파, 빵가루, 우유, 소금, 후춧가루, 달걀을 잘 섞어 직경 2.5㎝ 정도의 크기로 둥글게 뭉쳐서 팬에 버터를 녹여 굽는다.
*오븐에 넣어 구워도 좋다.

③ 냄비에 브라운 그레이비 소스를 만들어 끓이다가 올스파이스와 레드 와인을 넣고 끓인다.

④ ③에 익은 고기를 미져 넣고 끓인 후 소금과 후춧가루로 간을 하여 접시에 담은 후 다진 파슬리를 위에 뿌린다.

5 돼지고기

(1) 바비큐 포크 찹(barbecued pork chop)

〈재료 및 분량〉

돼지(등심) – 300g
버터 – 15g
토마토케첩 – ½컵
식초 – 1큰술
우스터 소스 – 1큰술
핫소스 – 1큰술
황설탕 – 2큰술
월계수잎 – 2장
양파 – ½개
소금 · 후춧가루 – 약간
셀러리 – 1대
밀가루 – 1큰술

만드는 법

① 양파와 셀러리는 곱게 다진다.

② 고기는 돈가스 크기로 잘라서 잔 칼집을 넣고 소금과 후춧가루로 간을 한 후 밀가루를 묻혀서 팬에 익힌다.

③ 소스 팬에 버터를 두르고 다진 양파와 셀러리를 먼저 볶다가 토마토케첩을 넣고 볶는다.

④ ③에 육수(물)를 붓고 월계수 잎, 핫소스, 황설탕, 우스터 소스와 식초를 넣고 끓이다가 구워 놓은 고기를 넣고 졸인다.

⑤ 완성되면 월계수 잎을 건져내고 소금, 후춧가루로 간을 한 다음 접시에 담아 낸다.

(2) 포크 커틀릿(돈가스: pork cutlet)

〈재료 및 분량〉

돼지고기(등심이나 안심) – 400g
밀가루 – 200g
달걀 – 3개
빵가루 – 2컵
소금 · 후춧가루 – 약간
튀김용 기름 – 1ℓ

만드는 법

① 고기를 1.5㎝~2㎝ 두께로 자르고, 두들겨서 납작하게 한 다음 칼집을 몇 군데 넣는다.

② 소금, 후춧가루를 뿌린 다음 30분 정도 둔다.

③ 밀가루를 묻힌 다음 달걀을 풀어서 묻히고 빵가루를 묻힌다.

④ 172~185℃의 기름에 튀기거나 팬 프라이해서 낸다.

(3) 민스트 포크(minced pork)

〈재료 및 분량〉

돼지고기(간 것) – 300g
빵가루 – 1컵
양파 – 100g
버터 – 5g
달걀 – 2개
우유 – 2큰술
소금 · 후춧가루 – 약간
밀가루 – ⅓컵
식용유 – ⅓컵

만드는 법

① 곱게 간 돼지고기에 소금, 후춧가루를 넣어 간을 한다.

② 양파는 곱게 다져 버터에 노르스름하게 볶는다.

③ 달걀 1개에 우유 1큰술을 섞어 잘 풀어 놓는다.

④ 돼지고기, 양파, 달걀 1개, 빵가루 1/2컵을 잘 섞어 6등분하여 둥글납작하게 빚거나 직경 4㎝ 정도의 작은 모양으로 만든다.

⑤ 여기에 밀가루, 달걀 푼 것, 빵가루 순으로 묻힌 다음 160℃ 정도로 끓는 기름에 넣어 속까지 잘 익도록 튀겨 낸다.

⑥ 접시에 1인분씩 나누어 담고 토마토 소스와 채소요리를 곁들인다.

(4) 하와이안 텐더로인(hawaiian tenderloin)

〈재료 및 분량〉

돼지고기(안심 또는 등심) – 300g
화이트 와인 – 2큰술
당근 – ½개
브로콜리 – ½개
아스파라거스 – 1인당 ½대
버터 – 2큰술
소금 · 후춧가루 – 약간

매시드 포테이토
감자 – 100g
우유 – 3큰술
버터 – 3큰술
소금 – 약간

바비큐 소스
토마토케첩 – 10큰술
진간장 – 1큰술
우스터 소스 – 6큰술
흑설탕 – 4큰술
핫소스 – 2큰술
로즈마리 – ½큰술
오레가노 – ½큰술
마늘(다진 것) – 2큰술
미림 – 3큰술
물 – 6큰술

만드는 법

① 돼지고기는 1인 크기로 약간 도톰하게 돈가스용으로 잘라서 칼등으로 여러 번 두드려서 부드럽게 만들고 화이트 와인과 소금, 후춧가루로 밑간을 해 둔다.
② 바비큐 소스는 준비한 분량대로 재료를 넣고 약한 불로 끓인다.
③ 브로콜리는 한입 크기로 잘라서 두고, 아스파라거스는 2등분하고(길이가 길면 3등분), 당근은 브로콜리 크기로 납작하게 잘라서 잘라 둔 아스파라거스, 브로콜리와 함께 소금물로 살짝 데쳐 둔다.
④ 준비된 야채들은 팬에 버터를 녹이고 살짝 볶아 약간의 소금과 후춧가루를 뿌려 둔다.
⑤ 감자는 엷은 소금물에 삶아서 포크나 기구를 이용해 뜨거울 때 으깨 주고 분량의 양념을 넣어 섞어 둔다.
⑥ 팬에 기름을 두르고 재어 둔 돼지고기를 색이 나게 잘 굽는다.
⑦ 접시에 으깬 감자를 깔고 고기를 올리고 야채 볶은 것을 담고 바비큐 소스를 뿌려 낸다.

6 닭고기

(1) 치킨커틀릿(chicken cutlet)

〈재료 및 분량〉

닭 - ½마리
달걀 - 3개
밀가루 - 60g
빵가루 - 100g
소금 · 후춧가루 - 약간
튀김용 기름 - 적당량

만드는 법

① 닭은 뼈를 발라내고 살을 펴서 칼등으로 고루 두드려 주면서 껍질 쪽을 칼로 찍어 준다.

② 준비된 닭고기에 소금, 후춧가루를 뿌리고 밀가루를 묻히고 달걀로 흠뻑 적셔서 빵가루를 묻힌다.

③ 180℃ 정도의 기름에 튀겨 낸다.

(2) 치킨 알라 킹(chicken a'la king)

〈재료 및 분량〉

닭 – ½마리
청피망 – ½개
홍피망 – ½개
양파 – ½개
양송이버섯 – 5개
버터 – 40g
밀가루 – 30g
우유 – 2컵
정향 – 3개
생크림 – ½컵
치킨 스톡 – ½컵
소금 · 후춧가루 – 약간

만드는 법

① 청피망, 홍피망, 양파 등을 약 2㎝ 정도의 크기로 썰고 양송이는 겁질을 벗겨 모양대로 도톰하게 썬다.

② 닭고기는 뼈와 껍질을 분리해서 2.5㎝ 정도로 자른다. 뼈는 ①을 손질하고 남은 야채들과 함께 넣고 스톡을 끓인다.

③ 야채들을 살짝 볶아 놓는다.

④ 닭고기를 살짝 볶다가 스톡을 붓고 끓여 둔다.

⑤ 밀가루와 버터로 화이트 루를 만들어 우유를 넣어 끓이면서 양파에 정향을 꽂아 넣고 더 끓인 뒤에 소창으로 걸러낸다.(베샤멜 소스 만들기)

⑥ 다시 소스팬에 ⑤를 넣고 준비된 재료를 넣은 뒤 생크림을 넣고 치킨 스톡으로 농도를 맞추고 소금, 후춧가루로 간을 한다.

⑦ ⑥에 조미용 버터를 약간 넣어 윤기나게 하여 낸다.

(3) 닭고기 그라탱(chicken gratin)

〈재료 및 분량〉

닭 – ½마리
다진 햄 – 50g
달걀노른자 – 1개
마늘(다진 것) – 1쪽 분량
화이트 와인(달지 않은 것) – 50㎖
치킨 스톡 – ½컵
모차렐라 치즈 – 150g

베샤멜 소스
밀가루 – 3큰술
버터 – 40g
우유 – 2컵
소금 · 후춧가루 – 약간

만드는 법

① 팬에 버터를 녹이고 다진 마늘을 갈색이 될 때까지 볶는다.

② 닭고기를 살만 발라내어 2㎝정도의 크기로 잘라서 소금과 후춧가루로 간을 한다. 뼈는 남는 채소를 넣고 스톡을 끓인다.

③ 팬에서 식용유로 닭고기를 볶아서 갈색을 낸 후 화이트 와인을 넣어서 익힌다.

④ ③에 스톡을 붓고 30분 정도 약한 불에서 익힌다.

⑤ 베샤멜 소스에 달걀노른자와 다진 햄을 잘 섞어 혼합한다.

⑥ 잘 익힌 닭고기를 그라탱 용기에 담고 그 위에 소스를 끼얹고 피자치즈를 뿌린 뒤, 200℃ 오븐에서 10분 정도 구워서 표면이 갈색으로 익으면 꺼낸다.

– 베샤멜 소스 만드는 법 –

① 밀가루는 체에 쳐서 준비하고 우유를 중탕으로 데워 놓는다.

② 버터를 팬에 녹이고 밀가루를 넣고 골고루 잘 볶는다.

③ 계속 젓다가 밀가루와 버터의 혼합물이 윤이 날 정도가 되면 화이트 루가 된 것으로 보고 일단 불에서 내려 식힌다.

④ 식힌 루에 데운 우유를 조금씩 넣으면서 루를 잘 풀어 준다. 멍울이 생기면 체에 한 번 거른다.

⑤ 소금과 후춧가루로 간을 한 다음 거즈나 고운 체에 거른다.

⑥ 불에서 내려놓기 전에 조미용 버터를 넣는다.

⑦ 보관 시에는 차갑게 식힌 다음 표면에 버터를 발라 보관하면 수분 증발을 막아 딱딱하게 굳는 것을 방지할 수 있다.

(4) 닭날개 튀김(fried chicken wing)

만드는 법

① 닭 날개는 가는 뼈를 발라내고 굵은 뼈 쪽으로 살을 긁어 둥글게 모아 준다.

② 닭 날개에 소금과 후춧가루를 뿌리고 양파즙과 생강즙을 섞어 닭 날개를 재어 둔다.

③ 밀가루와 전분가루에 물과 소금, 달걀 1개를 넣고 잘 반죽하여 닭 날개에 씌운 후 175℃ 정도의 온도에서 두 번 정도 튀겨 낸다.

④ 나머지 달걀 1개를 풀어 튀겨 낸 닭 날개에 다시 옷을 입혀 흰깨와 검은깨를 묻힌다.

⑤ 깨를 묻힌 닭 날개를 튀김 기름 온도에 맞춰 다시 한번 튀겨 낸다.

⑥ 닭의 뼈 자루 끝에 호일을 감고 리본을 묶어 주면 모양이 보기 좋고 먹기에도 좋다.

〈재료 및 분량〉

닭날개 – 12개
양파즙 – ⅓컵
생강즙 – 1큰술
밀가루 – 적당량
전분 – 70g
튀김용 기름 – 적당량
달걀 – 3개
참깨 – 3큰술
검은깨 – 3큰술
소금 · 후춧가루 – 약간

(5) 치킨커리와 밥(chicken curry with rice)

〈재료 및 분량〉

닭 - ½마리
양파(다진 것) - 200g
버터 - 50g
밀가루 - 50g
커리가루 - 20g
치킨 스톡 - 5컵
생크림 - 100㎖
밥 - 3컵
고수 - 약간

만드는 법

① 닭은 손질하여 뼈와 살을 분리하고 살은 먹기 좋은 크기로 자르고, 뼈로 스톡을 끓인다. 자른 닭고기는 치킨 스톡에 넣고 익힌다.

② 버터에 곱게 다진 양파를 볶은 후 밀가루를 넣고 볶다가 커리가루를 넣어 10분 정도 색깔이 나지 않게 볶는다.

③ 뜨거운 치킨 스톡을 넣어 풀고 난 다음, 크림을 넣어 잘 저은 후 간을 한다.

④ 오븐용 팬에 치킨 스톡에 삶은 닭을 넣고 소스를 그 위에 붓고, 180℃의 오븐에 20분 정도 구워서 낸다.

⑤ 밥을 둥근 틀에 넣어 접시에 올려 붓고, 그 위에 치킨커리를 담고 취향에 따라 고수를 위에 올려 상에 낸다.

7 채소의 조리

(1) 포테이토 칩(chips potatoes)

〈재료 및 분량〉

감자 – 3개
튀김용 기름 – 적당량
소금 – 약간

만드는 법

① 감자를 깨끗이 씻어 껍질을 벗긴다.

② 감자를 1㎜정도의 두께로 얇게 슬라이스해 둔다.

③ 슬라이스한 감자를 물에 30분 정도 담가 두었다가 건져서 물기를 제거해 둔다.

④ 팬에 기름을 붓고 가열한 다음 감자를 넣고 갈색이 될 때까지 튀긴다.

⑤ 튀겨 낸 감자에 약간의 소금을 뿌려서 간을 하여 낸다.

(2) 크로켓 감자(croquette potatoes)

〈재료 및 분량〉

감자 – 300g
버터 – 10g
옥수수전분 – 1큰술
밀가루 – 적당량
달걀 – 2개
빵가루 – 1컵
넛멕 – 1작은술
파슬리 – 약간
양상추 – 약간

만드는 법

① 감자는 깨끗이 씻어서 껍질째로 삶은 후 뜨거울 때 껍질을 벗긴다.

② 감자로 퓨레를 만들고 버터, 달걀노른자, 넛멕, 소금, 후춧가루로 간을 한다.

③ 옥수수전분으로 반죽을 되게 만든다.

④ 반죽을 조금씩 떼어 크로켓 모양인 타원형을 만든다.

⑤ 밀가루, 달걀, 빵가루의 순으로 옷을 입혀 기름에 갈색이 나게 튀긴다.

⑥ 그릇에 담고 파슬리와 양상추로 장식해 낸다.

(3) 통감자 구이(backed potato)

〈재료 및 분량〉

감자 - 6개
샤워크림 - 60㎖
베이컨 - 30g
다진 실파 - 10g
소금 · 후춧가루 - 약간

만드는 법

① 감자를 깨끗이 씻어 알루미늄 호일로 싼다.

② 팬에 굵은 소금을 놓고 그 위에 감자를 놓는다.

③ 220℃ 오븐에서 50분 정도 구워 내면 적당하다.

④ 팬에 베이컨을 구워서 식혀 둔다.

⑤ 다 익은 감자는 윗 부분을 엑스(×)자 모양으로 칼집을 내고 밑 부분을 눌러 감자의 하얀 속 부분이 위로 밀려오게 하다

⑥ 사워크림, 다진 실파, 구운 베이컨은 소금, 후춧가루로 간을 하여 섞는다.

⑦ 만들어진 소스를 감자 위에 얹어 준다.

*간단한 통감자 구이로 만들 때는 통째로 구운 감자에 엑스자로 칼집을 내고 그 위에 버터만 얹어 낸다.

(4) 버터 당근(buttered carrots)

〈재료 및 분량〉

당근 – 200g
버터 – 10g
설탕 – 1작은술
월계수잎 – 1장
소금 · 후춧가루 – 약간

만드는 법

① 당근은 깨끗이 씻어 껍질을 벗긴 후 작은 당근 모양이나 꽃 모양 등 원하는 모양으로 자른다.

② 냄비에 물을 붓고 끓이다가 물이 끓기 시작하면 소금과 설탕을 약간 넣고 월계수 잎을 넣은 후 ①의 당근을 넣고 삶는다.

③ 삶은 당근을 건져내어 물기를 빼 둔다.

④ ③의 당근을 팬에 볶는데, 볶을 때 약간의 물, 버터, 설탕, 소금과 후춧가루를 넣는다.

(5) 꽃양배추 그라탱(cauliflower gratin)

〈재료 및 분량〉

콜리플라워 – 500g
소금 · 후춧가루 – 약간
레몬주스 – 10큰술
베샤멜 소스 – 150㎖
파프리카 파우더 – 5g
파마산 치즈가루 – 50g

만드는 법

① 콜리플라워를 다듬어 끓는 물에 소금과 레몬주스를 첨가하여 함께 삶는다.

② 익으면 건져서 물기를 완전히 빼낸다.

③ 그라탱 팬에 가지런히 넣는다.

④ 베샤멜 소스를 붓는다.

⑤ 치즈가루와 파프리카 파우더를 뿌린다.

⑥ 200℃ 정도의 오븐에서 굽다가 베샤멜 소스가 약갈색이 되면 꺼낸다.

*베샤멜 소스 만드는 법은 81p를 참고한다.

(6) 매시드 포테이토(mashed potato)

〈재료 및 분량〉

감자 - 6개
버터 - 15g
우유 - 3큰술
소금 · 후춧가루 - 약간
파슬리 - 약간

만드는 법

① 감자의 껍질을 벗겨 3~4 등분하여 끓는 물에 소금을 조금 넣고 푹 삶는다.

② 삶은 감자의 물기를 뺀 다음 아주 약한 불에 올린 냄비에 감자를 넣어 나무주걱으로 으깬 후 체에 거르거나 방망이로 찧어서 따뜻하게 데워 놓은 우유와 버터, 소금, 흰 후추를 넣고 나무주걱으로 고루 섞는다.

③ 스푼으로 덜어서 담거나 데커레이션 튜브로 여러 가지 모양을 내기도 한다. 위에 파슬리를 얹기도 한다.

(7) 롤드 캐비지(rolled cabbage)

〈재료 및 분량〉

쇠고기(간 것) – 200g
돼지고기(간 것) – 100g
양파 – ½개
양배추 – 10장
버터 – 1큰술
토마토 페이스트 – ½컵
스톡 – 1½컵
소금 · 후춧가루 – 약간
월계수잎 – 2장

만드는 법

① 쇠고기와 돼지고기, 양파를 다져 함께 섞은 후 소금과 후춧가루로 간을 맞추고 여기에 버터를 넣어 잘 섞이도록 하여 속 재료를 준비한다.

② 두꺼운 줄기 부분을 잘라낸 양배추 잎을 찜통에서 쪄내 물기를 빼낸 다음 속 재료를 한 스푼씩 퍼 넣고 돌돌 말아 싼다.

③ 냄비에 가지런히 담고 수프 스톡과 월계수 잎, 토마토 페이스트를 섞어서 부은 다음 30분 정도 끓인다.

④ 국물과 함께 담아낸다.

(8) 스터프드 토마토(stuffed tomato)

〈재료 및 분량〉

토마토 - 6개
피망 - 3개
햄 - 60g
베이컨 - 30g
양송이버섯 - 6개
버터 - 15g
후추 - 약간
빵가루 - ½컵
소금 · 후춧가루 - 약간

만드는 법

① 토마토 꼭지 부분을 1㎝ 정도의 두께로 저며 낸 후 속을 파서 따로 그릇에 담아 놓고 만들어진 토마토 컵은 물기를 닦아낸 다음 소금을 조금 뿌려 놓는다.

② 피망은 씨를 빼서 잘게 다져 두고 햄은 5㎜ 입방체로 썰며 베이컨도 잘게 썰고 송이버섯은 3㎜ 가량의 두께로 납작하게 저민다.

③ 8큰술의 토마토 속과 6큰술의 빵가루를 잘 혼합하여 여기에 피망, 햄, 베이컨, 송이버섯 등을 잘 섞어서 소금, 후춧가루로 간을 하여 토마토 속에 가득 채워 놓는다.

④ 남은 빵가루와 버터를 섞어서 골고루 얹은 다음 강한 온도의 오븐 속에 넣어서 20분 가량 구워낸다.

⑤ 스터핑을 단단하게 하고 싶을 때에는 섞어 놓은 빵가루와 토마토 속에 달걀노른자를 섞는다.

(9) 감자 야채 치즈 구이

〈재료 및 분량〉

감자 – 3개
양파 – ½개
파프리카(노란색) – ½개
파프리카(빨간색) – ½개
청피망 – ½개
햄 – 50g
옥수수 – ½컵
우유 – 1컵
생크림 – 1컵
모차렐라 치즈 – 200g
소금 · 후춧가루 – 약간
식용유 – 약간

만드는 법

① 감자는 껍질째 깨끗이 씻어 약간의 소금을 넣고 삶아서 껍질을 벗겨 둔다.

② 햄, 파프리카, 피망, 양파 등을 옥수수 크기만 하게 잘라 둔다.

③ 잘라 둔 야채들과 햄을 센 불에 살짝 볶아 소금과 후춧가루로 약하게 간을 해 둔다.

④ 삶은 감자는 큼직하게 숟가락으로 자른다.

⑤ 자른 감자를 오븐그릇이나 도자기 그릇에 담고, 볶아 둔 햄과 야채, 옥수수를 그 위에 골고루 담는다. 우유와 생크림을 붓고 약간의 소금을 넣고 섞어서 냄비에 붓는다. 그 위에 피자치즈를 골고루 뿌려 오븐에 치즈가 녹을 정도로 구워낸다.

*오븐이 없으면 뚝배기나 내열유리그릇에 담아 약한 불로 가열하면 된다.

(10) 크림드 베지터블(creamed vegetable)

만드는 법

① 감자는 껍질을 벗겨서 밤톨만하게 썰어 소금을 조금 넣어 삶는다.

② 당근은 얇게 썰어 데치고 완두콩은 끓는 물에 소금을 넣어 삶아 건진다.

*완두콩이 통조림인 경우는 그냥 사용한다.

③ 파슬리는 곱게 다져 물기를 짜 놓는다.

④ 감자, 당근, 완두콩의 물기를 제거한 후 버터에 볶은 다음 그릇에 담아 오븐에 넣어 따뜻하게 데운다.

⑤ 준비된 채소를 골고루 섞거나 색깔을 맞추어 보기 좋게 그릇에 담고 그 위에 화이트 소스를 얹고 파슬리를 뿌려 낸다.

〈재료 및 분량〉

감자 – 6개
당근 – ½개
완두콩 – ½컵
버터 – 30g
화이트 소스 – ½컵
파슬리 – 2줄기

화이트 소스 재료

버터 – 2큰술
밀가루 – 2큰술
우유 – 1컵
후춧가루 – ⅕작은술
소금 – ⅕작은술

– 화이트 소스 만드는 법 –

① 밀가루는 체에 쳐서 준비하고 우유를 중탕으로 데워 놓는다.

② 버터를 팬에 녹이고 밀가루를 넣고 골고루 잘 볶는다.

③ 계속 젓다가 밀가루와 버터의 혼합물이 윤이 날 정도가 되면 화이트 루가 된 것으로 보고 일단 불에서 내려 식힌다.

④ 식힌 루에 데운 우유를 조금씩 넣으면서 루를 잘 풀어 준다. 멍울이 생기면 체에 한 번 거른다.

⑤ 소금과 후춧가루를 간을 한 다음 거즈나 고운 체에 거른다.

⑥ 불에서 내려놓기 전에 조미용 버터를 넣는다.

⑦ 보관 시에는 차갑게 식힌 다음 표면에 버터를 발라 보관하면 수분 증발을 막아 딱딱하게 굳는 것을 방지할 수 있다.

(11) 자주색 양배추 볶음(sweet sour red cabage)

만드는 법

① 자주색 양배추는 한 잎씩 떼어 깨끗이 씻은 다음 굵직하게 채 썬다. 베이컨은 잘게 썰고 양파는 가늘게 채 썬다.

② 물 2컵에 소금 1작은술을 넣고 끓이다가 채 썬 자주색 양배추를 넣고 식초 2큰술을 넣고 10분 정도 더 끓인 다음 소쿠리에 건져 물기를 뺀다.

③ 프라이팬에 잘게 썬 베이컨을 넣고 볶아 베이컨 기름이 스며 나오면 베이컨을 꺼내고 그 기름에 채 썬 양파를 넣고 볶다가 황설탕과 밀가루 한 큰술을 넣고 볶는다.

④ ③에 물 1/2컵과 나머지 식초, 소금, 밀가루, 후춧가루를 넣고 5분 정도 익혀 걸쭉한 소스를 만들어 삶아 낸 양배추에 넣고 버무려서 접시에 담고, 볶아 놓은 베이컨을 위에 얹어 상에 낸다.

〈재료 및 분량〉

양배추(자주색) – ½통
양파 – ½개
베이컨 – 3장
황설탕 – 3큰술
식초 – 4큰술
밀가루 – 2큰술
소금 · 후춧가루 – 약간

8 샐러드 조리

(1) 월도프 샐러드(waldorf salad)

〈재료 및 분량〉

사과 – 1개
셀러리 – 1줄기
호두 – 50g
레몬 – ½개
소금 · 후춧가루 – 약간
마요네즈 – 3큰술
양상추잎 – 3장

만드는 법

① 사과는 씨, 껍질을 제거하여 사방 약 1㎝ 정도로 잘라 소금 또는 레몬즙을 탄 물에 담가 변색되지 않도록 한다.

② 호두는 뜨거운 물에 불려 속껍질을 벗기고 셀러리는 겉껍질을 벗긴 후 사과와 같은 크기로 자른다.

③ 양상추 한 잎을 넓게 깔고 나머지 잎은 썰어서 놓고 사과, 셀러리, 마요네즈, 소금, 후춧가루를 넣어 버무린 후 그 위에 담는다.

④ 호두를 약 0.3㎝의 크기로 잘라서 뿌린다.

(2) 포테이토 샐러드(potato salad)

〈재료 및 분량〉

감자 - 200g
양파 - 100g
파슬리 - 1줄기
소금 · 후춧가루 - 약간
마요네즈 - 4큰술

만드는 법

① 감자는 껍질을 벗겨 사방 1㎝ 정도의 크기로 자른다.

② 소금을 넣고 찬물에 뚜껑을 덮고 삶는다.

③ 양파, 파슬리는 곱게 다져 양파는 소금물에 담갔다가 물기를 제거하고, 파슬리는 물에 헹궈서 거즈로 물기를 짜낸다.

④ 준비된 ②, ③에 마요네즈, 소금, 후춧가루를 넣어 버무린다.

(3) 콜슬로 샐러드(coleslaw salad)

〈재료 및 분량〉

양배추 – 200g
당근 – ⅓개
소금 · 후춧가루 – 약간
양상추 – 3장
마요네즈 – 4큰술

만드는 법

① 양배추와 당근을 약 0.1㎝ 정도 채 썰어 찬물에 담가 놓는다.
② 양상추는 먹기 좋게 뜯어 찬물에 담가 놓는다.
③ 양배추, 당근을 건져 물기를 제거한 후 마요네즈를 넣고 버무린다.
④ 양상추는 물기를 제거하여 접시 밑에 깔고 준비된 ③을 담는다.

(4) 시저 샐러드(caesar salad)

〈재료 및 분량〉

양상추 – 200g
마늘 – 4쪽
올리브유 – 2큰술
식빵(크루통) – 2쪽
레몬즙 – 1큰술
달걀 – 2개
파르메산 치즈 – 50g
포도식초 – 1큰술
양겨자(머스터드) – 1큰술
소금 · 후춧가루 – 약간

만드는 법

① 양상추를 잘 씻어 먹기 좋은 크기로 찢어 찬물에 담가 둔다.

② 마늘을 다져서 생으로 두거나 소테해 둔다.

③ 빵을 네모나게 잘라 크루통을 만들어 놓는다.

④ 달걀에 겨자, 소금, 후춧가루, 레몬즙, 마늘, 식초 등을 넣고 거품기로 돌리면서 기름을 부은 다음 치즈를 넣어 드레싱을 만든다.

⑤ 양상추는 물기를 제거하고 드레싱에 버무린다.

⑥ 접시에 준비된 채소를 담고 크루통과 가니시로 베이컨을 다져서 소테하여 바삭바삭하게 얹기도 한다.

(5) 셰프 샐러드(chef's salad)

〈재료 및 분량〉

양상추 – 200g
토마토 – 1개
치즈 – 100g
닭고기 – 100g
햄 – 100g
오이 – ½개
셀러리 – 200g
드레싱 – 200g
달걀(삶은 것) – 2개

만드는 법

① 양상추는 뜯어서 잘 씻어 놓는다.

② 토마토는 웨이지하거나 슬라이스해 둔다.

③ 달걀도 등분하여 준비한다.

④ 치즈, 닭고기, 햄, 오이, 셀러리 등은 바또네(굵게 채 썰기)로 썰어 놓는다.

⑤ 그릇에 뜯은 양상추를 놓고 직사각 기둥모양으로 썰어 놓은 것들을 색깔의 조화를 이루도록 올려 담는다.

⑥ 드레싱은 원하는 것(마요네즈, 싸우전 아일랜드 등)을 선택해서 ⑤의 위에 얹어서 서브한다.

(6) 참치 샐러드(tuna salad)

〈재료 및 분량〉

참치(통조림) - 1통
올리브 - 50g
달걀(삶은 것) - 2개
양파 - ½개
청피망 - ½개
홍피망 - ½개
마요네즈 - 100g
소금 · 후춧가루 - 약간
파슬리 - 1줄기
양상추 - 2장

만드는 법

① 삶은 달걀을 작게 다진다.

② 양파, 홍피망과 청피망을 작게 다진다.

③ 올리브를 작게 다진다.

④ 참치는 기름기를 제거하고 준비한 재료들과 함께 마요네즈로 버무린다.

⑤ 소금, 후춧가루로 간을 하고 접시에 상추를 깔고 그 위에 넣은 후 파슬리로 장식한다.

(7) 마카로니와 햄 샐러드(macaroni&ham salad)

〈재료 및 분량〉

마카로니 – 50g
햄 – 100g
셀러리 – 150g
피망 – ½개
양파 – ½개
마요네즈 – 100g
마늘 – 20g
식용유 – 적당량

만드는 법

① 마카로니를 삶아 식힌다.

② 햄은 줄리엔느로 자른다.

*줄리엔느는 길이 2~5㎝, 폭 3×3mm로 자르는 것을 말한다.

③ 피망과 셀러리는 굵게 다진다.

④ 양파도 피망과 셀러리 크기로 다진다.

⑤ 준비된 것을 한데 담아 원하는 드레싱과 함께 버무린다.

⑥ 마늘을 얇게 슬라이스해서 기름에 튀겨 낸 후 식힌다.

⑦ 접시에 드레싱에 버무린 샐러드를 담고 그 위에 마늘 튀긴 것을 얹어서 낸다.

(8) 콘 샐러드(corn salad)

〈재료 및 분량〉

옥수수(통조림) - 1통(450g)
풋고추 - 2개
홍고추 - 2개
잔파 - 4뿌리
올리브유 - 4큰술
식초 - 2큰술
흑설탕 - 3큰술
소금 - ½큰술
후춧가루 - ½큰술
겨자 - 1큰술
마늘(다진 것) - 3쪽
타바스코 소스 - 약간

만드는 법

① 옥수수는 체에 밭쳐 물기는 제거하고 알만 따로 담아 둔다.

② 풋고추와 홍고추는 깨끗이 씻어서 씨를 빼고 자잘하게 썬다.

③ 파는 깨끗이 다듬어 씻어서 송송 썰어 둔다.

④ 다진 마늘, 올리브유, 식초, 흑설탕, 소금, 후춧가루, 겨자가루, 타바스코 소스를 큰 그릇에 담고 거품기로 한참 저어 재료을 잘 섞어 드레싱을 만들어 둔다.

⑤ 재료들을 드레싱과 함께 버무린 후 맛이 스며들게 잠시 놓아 둔 뒤 그릇에 담는다.

(9) 캐비지 플라워(cabbage flower)

〈재료 및 분량〉

양배추 – ⅙통
토마토 – 1개
잔 생새우 – 100g
달걀 – 1개
셀러리 – 1줄기

프렌치 드레싱
올리브유 – 4큰술
소금 – ½큰술
식초 – 3큰술
후춧가루 – 약간

만드는 법

① 잔 생새우는 끓는 물에 소금을 넣고 삶아서 껍질을 벗기고 준비한다.

② 양배추는 깨끗이 씻어서 모양이 고운 것을 5~6매 정도 남기고 나머지는 가늘게 채 썰어 냉수에 담가 둔다.

③ 토마토는 세로로 8등분하여 자르고, 달걀은 잘 삶아서 노른자는 체에 쳐서 놓고 흰자는 곱게 다져 놓는다.

④ 셀러리도 깨끗하게 씻어서 얇게 썰은 후 냉수에 담가 놓는다.

⑤ 채 썬 양배추와 셀러리는 건져서 물기를 제거한 뒤 준비된 다른 재료와 섞어 프렌치 드레싱에 버무린다.

⑥ 접시 중앙에 모양이 고운 양배추로 꽃 모양을 만든 다음 그 안에 준비한 토마토와 ⑤를 예쁘게 담은 후 ③의 달걀흰자와 노른자를 뿌려 장식한다.

(10) 시금치와 그린 치커리 샐러드

〈재료 및 분량〉

엑스트라 버진 올리브유 - 6큰술
양파 - ½개
식빵 - 2장
발사믹 식초 - 3큰술
시금치 - 150g
그린 치커리 - 150g
소금 - 약간
후춧가루 - 약간
겨자 - 1큰술
마늘 - 1쪽
그린 올리브 - 10개
블랙 올리브 - 10개
파마산 치즈(간 것) - ⅓컵

만드는 법

① 식빵은 1㎝ 두께의 네모로 썰어서 올리브유를 두른 팬에 엷은 브라운 색이 날 때까지 앞뒤로 구워 준다. 구운 빵을 가로 세로 1㎝크기로 잘라 둔다.

② 양파는 채 썰어 식초 물에 30분 정도 담가 두었다가 흐르는 물로 헹구어서 매운맛을 빼 준다. 그린과 블랙 올리브를 3등분으로 잘라 둔다.

③ 시금치는 억센 부분을 떼어내고 부드러운 부분만을 선택하여 잎만을 씻어 사용한다. 치커리도 억센 부분은 사용하지 않고 부드러운 부분을 사용한다. 준비된 시금치와 치커리는 물기를 제거하고 한입 크기로 뜯어서 타월에 싸서 냉장고에 보관한다.

④ 큰 그릇에 준비된 시금치, 치커리, 그린 올리브, 양파, 마늘 다진 것을 넣는다.

⑤ 2큰술 정도의 올리브유를 연기가 나기 전까지 열을 가해 준 다음 블랙 올리브를 넣어 재빨리 볶아 준다.

⑥ ⑤를 식힌 다음 발사믹 식초, 약간의 소금과 후춧가루를 넣고 섞은 후 준비해 둔 샐러드 재료 위에 뿌려 주고 두 개의 나무주걱으로 살짝 버무려 준다.

⑦ 약간 깊이가 있는 접시에 샐러드를 담고, 위에 파마산 치즈와 같이 크루통을 뿌려 마무리한다.

(11) 아보카도 샐러드

〈재료 및 분량〉

아보카도 – 1개
오렌지 – 2개
대하 – 10마리
양상추잎 – 3장
양파 – ½개
토마토 – 1개

소스
올리브유 – 5큰술
식초 – 3큰술
소금 – 2큰술
겨자 – 2큰술
설탕 – 취향대로
후춧가루 – 약간
레몬즙 – 3큰술

만드는 법

① 아보카도는 잘 숙성된 것을 구입하여 잘 씻은 후 속의 씨를 빼고 껍질을 제거한다.

② 양상추는 잘 씻어 한입 크기로 찢어 두고, 양파는 가늘게 채로 썰어서 식초를 섞은 냉수에 30분 정도 담가 둔다.

③ 오렌지는 겉껍질과 속껍질을 칼로 제거하여 속살만 잘라서 준비한다. 준비된 아보카도도 오렌지처럼 가로로 잘라 둔다. 토마토는 깨끗이 씻어 6등분하여 둔다.

④ 새우는 등 뒤로 내장을 제거한 뒤 소금물에 살짝 데쳐 껍질을 벗겨서 반으로 잘라 둔다.

*칵테일 새우는 해동시킨 뒤 식초를 넣고 재빨리 볶아 둔다.

⑤ 준비된 소스재료를 볼에 넣고 섞는다.

⑥ 양상추와 양파는 물기를 제거하고 접시 중앙에 소복하게 담는다. 그 주위에 아보카도, 오렌지, 새우, 토마토 순으로 둘러서 담는다.

⑦ 소스는 준비된 접시 위에 보기 좋게 뿌려서 상에 낸다.

(12) 그릴드 치킨 샐러드

〈재료 및 분량〉

닭가슴살 – 2쪽
화이트 와인 – 2큰술
소금·후춧가루 – 약간
양상추잎 – 3장
오이 – ½개
오렌지 – 2개
방울토마토 – 6개
달걀(삶은 것) – 1개
브로콜리 – ½개

오렌지 드레싱
오렌지주스 – 7큰술
올리브유 – 1½큰술
간장 – 1큰술
꿀 – 3큰술
식초 – 4큰술
참기름 – 1큰술
소금 – 약간

만드는 법

① 양상추는 찬물에 담가 두었다가 물기를 잘 빼고 먹기 좋게 찢어 둔다. 오이는 얇게 통썰기해 두고 방울토마토는 먹기 좋게 잘라 둔다. 브로콜리는 한입 크기로 자른 다음 끓는 물에 데쳐 둔다.

② 잘 씻은 오렌지는 위아래를 잘라 낸 후 돌려 깎기로 칼을 살짝 넣어 두껍게 잘라 저미듯 한입 크기로 잘라 둔다.

③ 닭가슴살은 소금, 후춧가루로 간하고 화이트 와인을 뿌려 재어 둔다.

④ 달군 팬에 기름을 두르고 중약불에서 닭가슴살을 서서히 노릇하게 굽는다.

⑤ 구운 닭가슴살은 칼로 비스듬하게 한입 크기로 저미듯이 잘라 주고, 삶은 달걀도 먹기 좋게 자른다.

⑥ 오렌지 드레싱은 재료를 잘 섞은 다음 미리 차게 준비해 둔다.

⑦ 접시에 준비된 야채들을 보기 좋게 담고 마지막으로 구운 닭가슴살을 얹고 소스를 곁들여 낸다.

9 달걀의 조리

(1) 프렌치 오믈렛(french omelet)

〈재료 및 분량〉

달걀 - 6개
우유 - 6큰술
소금 · 후춧가루 - 약간
식용유 - 약간

만드는 법

① 달걀흰자와 노른자를 잘 섞어 우유, 소금, 후춧가루를 넣고 잘 섞는다.

② 팬에 기름을 두르고 뜨거울 때 위에 준비한 달걀을 쏟아서 골고루 팬에 퍼지게 한 후 나무젓가락으로 달걀이 2/3정도 익을 때까지 저어 준다.

③ 타원형으로 양쪽을 접어 뒤집어서 익힌 후에 접시에 담는다.

*오믈렛을 접기 전에 다진 고기나 생선 등을 넣기도 한다.

④ 뜨거울 때 취향에 따라 토마토 소스를 뿌려 먹을 수도 있다.

(2) 스패니시 오믈렛(spanish omelet)

〈재료 및 분량〉

달걀 – 4개
토마토 – ½개
양파 – 100g
피망 – 50g
양송이버섯 – 50g
베이컨 – 3장
토마토케첩 – 1큰술
식용유 – 30㎖
소금 · 후춧가루 – 약간
버터 – 약간

만드는 법

① 양파, 피망, 양송이, 베이컨을 사방 약 0.5㎝ 정도로 자른다.

② 토마토는 씨와 껍질을 제거하고 같은 크기로 자른다.

③ 베이컨을 볶다가 양파, 피망, 양송이, 토마토 순으로 볶은 다음 소금 · 후춧가루로 간을 맞춘다.

④ 팬에 버터를 두르고 달걀을 잘 풀어 부어서 반 정도 익으면 볶아 놓은 재료를 넣고 감싸서 오믈렛을 만든다.

(3) 버섯 크림 오믈렛(mushroom cream omelet)

〈재료 및 분량〉

달걀 - 4개
양송이버섯 - 6개
대파 - 1 뿌리
버터 - 6큰술
생크림 - 1컵
소금 · 후춧가루 - 약간
우유 - ½컵

만드는 법

① 버섯은 생것이면 그대로 씻어서 다지고, 마른 버섯은 물에 불려서 꼭 짠 다음 잘게 다진다.

② 굵은 파는 다져서 버터 3큰술을 넣어 부드럽게 익힌 후 다진 버섯을 넣고 약한 불에 볶다가 소금으로 간을 한다.

③ 버섯이 익으면 생크림을 2/3컵 넣고 약한 불에서 3~4분 정도 저으면서 걸쭉하게 익혀 버섯 크림을 만든다.

④ 달걀을 깨뜨려 소금과 후춧가루를 넣고 고루 섞이도록 저어서 팬에 버터 3큰술을 녹여 연갈색이 되면 달걀을 붓고 지지는데 아직 윗부분이 덜 익은 상태일 때 ②의 버섯 크림를 붓고 달걀을 반달 모양으로 겹쳐서 그릇에 담는다.

⑤ 나머지 버섯 크림에 생크림(또는 우유)을 더 넣어 묽게 한 후 달걀 주위에 담는다.

(4) 에그 그라탱(egg gratin)

만드는 법

① 달걀을 굴려가면서 노른자가 중심에 위치하도록 완숙하여 껍질을 벗기고 3~4㎜ 두께로 둥글게 썰어 놓는다.

② 시금치는 끓는 물에 소금을 살짝 넣고 데쳐서 냉수에 씻어낸 후 꼭 짜서 3㎝ 길이로 썰어 놓는다.

③ 화이트 소스를 만들어 놓고 그라탱 접시에 버터를 바른 후 화이트 소스, 시금치, 달걀을 겹겹이 담아 맨 위에 화이트 소스를 얹고 빵가루와 잘게 다진 치즈를 뿌려 200℃의 오븐에 넣어 노릇노릇하게 구워낸다.

*화이트 소스 만드는 법은 106p를 참고한다.

〈재료 및 분량〉

달걀 - 6개
시금치 200g
화이트 소스 - 2컵
빵가루 - 50g
버터 - 5g
모차렐라 치즈 - 150g

화이트 소스 재료

버터 - 2큰술
밀가루 - 2큰술
우유 - 1컵
후춧가루 - $\frac{1}{5}$작은술
소금 - $\frac{1}{5}$작은술

(5) 스크램블드에그(scrambled egg)

〈재료 및 분량〉

달걀 - 2개
버터 - 15g
크림 - 1큰술
소금 - 약간

만드는 법

① 달걀을 깨서 믹싱볼에 담아 우유나 크림, 혹은 물을 넣고 섞은 후 양념하여 준비한다.

② 팬에 버터나 기름을 두르고 뜨겁게 달군 다음 잘 풀어 놓은 달걀 혼합물을 넣고 재빨리 젓는다.

*익는 정도는 원하는 기호에 맞추도록 한다.

③ 파슬리를 위에 얹어 낸다.

④ 토스트 빵과 같이 아침식사로 이용해도 좋다.

10 곡물요리

(1) 오트밀(oatmeal)

〈재료 및 분량〉

오트밀 - 1컵
물 - 4컵
우유 - 1컵
설탕 - 약간
소금 - ½큰술

만드는 법

① 냄비에 물과 소금을 넣은 다음 불에 얹어 끓인다.

② 물이 끓으면 오트밀을 넣고 저어 준다.

③ 너무 풀어지지 않게 끓는 물에 넣어서 익혀 준다.

④ 5분 정도 끓인 후 우유와 설탕을 식성에 맞게 넣어 먹는다.

(2) 커리 라이스(curry rice)

〈재료 및 분량〉

돼지고기 – 150g
감자 – 100g
당근 – 100g
양파 – 100g
버터 – 40g
밀가루 – 50g
커리가루 – 50g
사과 – ½개
마늘 – 3쪽
생강즙 – ½큰술
밥 – 3컵
소금 · 후춧가루 – 약간

만드는 법

① 돼지고기는 사방 2㎝의 크기로 썰어 생강즙을 뿌려 놓는다.

② 양파, 감자, 당근은 비슷한 크기로 썰고 마늘은 곱게 다져 놓는다.

③ 팬에 버터를 녹이다가 양파를 넣어서 볶은 다음 돼지고기를 넣어 볶는다.

④ ③에 물 5컵을 붓고 남은 채소를 같이 넣어 끓인다.

⑤ 남은 버터와 밀가루, 커리가루를 소스팬에 넣고 볶다가 마늘 다진 것을 넣은 후 고기와 채소 삶은 물을 조금씩 붓고 커리소스를 만든다.

⑥ ⑤의 커리소스를 먼저 고기와 채소가 들어있는 냄비에 넣고 약한 불에 눌지 않게 저으면서 맛이 밸 때까지 10분 가량 끓인다.

⑦ ⑥에 강판에 곱게 갈아 놓은 사과와 소금, 후춧가루로 조미하여 소스 그릇에 담아 밥과 함께 낸다.

(3) 완두콩과 조개로 맛을 낸 리소토

만드는 법

① 마늘은 으깨 두고, 대파는 가늘게 채를 쳐 둔다. 쌀은 씻어 체에 담아 물을 빼 둔다.

② 달군 팬에 올리브유를 두르고 으깬 마늘 반을 넣고 갈색이 날 때까지 볶다가 다진 양파, 채 친 대파를 넣고 씻은 쌀을 넣고 같이 볶다가 닭육수 4컵을 넣고 10분 정도 중간 불에서 주걱으로 저으면서 리소토를 만든다.

③ 달군 팬에 올리브유를 충분히 두르고 으깬 마늘 남은 것을 넣은 후 갈색이 날 때까지 볶는다.

④ 깨끗이 씻어 둔 모시조개를 넣고 볶다가 화이트 와인을 붓고 끓인다. 국물이 졸아들면 닭육수 1컵을 붓고 조개의 입이 벌어질 때까지 끓인다.

⑤ ②에 ③을 섞는다. 이때 준비된 완두콩을 함께 넣고 소금과 후춧가루로 간을 맞춘다.

⑥ ⑤에 조미용 버터와 파슬리 가루를 집어넣고 잘 섞어서 그릇에 담아낸다. 그릇에 담은 다음 파마산 치즈를 위에 뿌려서 상에 낸다.

〈재료 및 분량〉

완두콩 – 200g
모시조개 – 400g
올리브유 – 4큰술
마늘 – 4개
대파 줄기 – 200g
양파(다진 것) – 200g
버터 – 50g
화이트 와인 – 4큰술
파슬리 – 20g
닭육수 – 5컵
파마산 치즈 – 80g
쌀 – 2컵
조미용 버터 – 약간
소금 · 후춧가루 – 약간

(4) 스파게티 소테(spaghetti sauté)

〈재료 및 분량〉

스파게티 면 – 450g
쇠고기(간 것) – 100g
돼기고기(간 것) – 100g
양파 – 2개
버터 – 50g
토마토케첩 – 200㎖
스톡 – 1컵
베이컨 – 4장
파슬리 – 2줄기
소금 · 후춧가루 – 약간
올리브유 – 적당량

만드는 법

① 스파게티를 7분간 삶아 체에 밭쳐 물기를 뺀 다음 올리브유로 무쳐 둔다.
② 양파와 파슬리는 곱게 다져서 물로 씻어 물기를 꼭 짜 둔다.
③ 냄비에 적당량의 버터를 녹이고 양파를 볶다가 소고기와 돼지고기 간 것을 넣어 충분히 익힌다.
④ ③에 토마토케첩, 스톡을 붓고 소금과 후춧가루로 간을 맞춘 후 약한 불에서 10분 가량 끓여 미트 소스(meat sauce)를 만든다.
⑤ 베이컨을 잘게 썰어서 볶아 내고 남은 버터를 한데 넣은 후 스파게티를 넣어서 볶는다.
⑥ 접시에 따뜻한 스파게티를 담고, 그 위에 볶은 베이컨을 뿌리고 미트소르를 보기 좋게 얹어 파슬리로 장식한다.

(5) 봉골레 스파게티(spaghetti alle vongole)

〈재료 및 분량〉

바지락 – 400g
올리브유 – 100g
마늘 – 6개
파슬리(다진 것) – 30g
스파게티 면 – 400g
청고추 – 1게
홍고추 – 1개
파슬리 – 1줄기
소금 · 후춧가루 – 약간

만드는 법

① 조개는 깨끗이 씻어 소금물에서 해감시킨 뒤 박박 문질러 다시 씻는다.

② 끓는 물에 소금을 넣고 스파게티 면을 넣고 7분간 삶는다. 삶은 면은 건져서 올리브유를 무쳐 두고 면수도 3컵 정도 남겨 둔다.

③ 마늘은 곱게 다져 두고 청 · 홍고추는 송송 썰어 씨를 빼 둔다.

④ 소스팬에 올리브유를 충분히 두르고 마늘을 넣고 볶다가 깨끗이 씻어 둔 조개를 넣고 볶다가 남겨 둔 면수 2컵을 붓고 조개가 입을 벌릴 때까지 끓인다.

⑤ 소스가 준비되면 팬에 삶아 둔 스파게티 면을 넣고 소스 농도를 보고 남은 면수를 붓고 소테한다.

⑥ ⑤에 송송 썰어 둔 청 · 홍고추와 파슬리 다진 것을 집어넣고 소금과 후춧가루로 간을 하고 그릇에 담아 낸다.

(6) 해물 스파게티

〈재료 및 분량〉

새우 – 5마리(1인당 1마리)
모시조개 – 1컵
물 – 1½컵
홍합 – 8개
오징어 – 1마리
올리브유 – 약간
마늘 – 3쪽
스파게티 면 – 200g
파슬리 – 약간

소스
토마토 페이스트 – ⅔컵
양파 – 1개
셀러리 – 1줄기
마늘(다진 것) – 1큰술
올리브유 – 약간
물 – 2컵
오레가노 – 약간
월계수잎 – 3장
토마토(완숙된 큰 것) – 2개
소금 · 후춧가루 – 약간
바질 – 약간

만드는 법

① 오징어는 깨끗이 손질하여 껍질을 벗기고 1cm 너비로 썰어 놓는다. 새우도 내장을 빼고 씻어 두고 조개는 소금물에 담가서 해감을 뺀다.

② 홍합은 솔로 문질러 씻고 수염 등을 떼어낸 다음 끓는 물에 데쳐 찬물에 헹궈 살만 발라낸다. 껍질 몇 개도 깨끗이 씻어 둔다.

③ 모시조개는 조개가 입을 벌리면 잠길 정도로 찬물을 붓고 끓여 준다. 물이 끓으면 위에 떠 있는 부유물을 걷어내고 국물을 고운 체에 거른다. 조개는 건져서 두고 조개 삶은 물을 3컵 정도 남겨 둔다.

④ 냄비에 물을 넉넉히 붓고 물 1ℓ당 소금 10g을 넣고 끓인다.

⑤ 물이 끓으면 스파게티 면을 펼쳐서 넣고 7분간 삶아 소쿠리에 쏟아서 물기를 뺀 다음 올리브유를 넣고 비벼 둔다.

–토마토 소스 만들기–

① 양파, 셀러리는 다져서 두고 완숙한 토마토는 껍질을 벗기고 씨를 빼고 다져서 둔다.

② 팬에 올리브유를 붓고 마늘을 볶다가 다져 둔 양파, 셀러리를 넣고 볶다가 다져 둔 토마토를 넣고 다시 볶는다.

③ ②에다 토마토 페이스트(토마토케첩을 사용하면 우리 입맛에 맞고 간편하게 만들 수 있다)를 넣고 끓이다가 물을 붓고 준비된 향신료를 넣고 졸이다가 소금, 후춧가루로 간을 맞춘 후 월계수 잎을 건져 낸다.

④ 팬에 올리브유를 두르고 마늘을 편으로 썰어 노릇하게 볶는다. 여기에 준비된 해산물을 넣고 새우의 색이 변할 때까지 볶는다.

⑤ 〈만드는 법〉 ③의 조개 국물, 삶은 스파게티, 토마토 소스를 순서대로 넣고 저어 주며 끓인다. 소스가 거의 졸아들면 소금과 후춧가루로 간을 한다.

⑥ 접시에 담고 바질이나 파슬리로 장식한다.

(7) 게살 크림 스파게티

〈재료 및 분량〉

냉동 게살 – 200g
브로콜리 – 150g
생크림 또는 우유 – 2½컵
파슬리(다진 것) – 약간
스파게티 면 – 400g
양파 – ½개
바질 – 4장
올리브유 – 1큰술
화이트 와인 – 1큰술
면 삶은 물 – 2컵
버터 – 2큰술
날치알 – 4큰술
조미용 버터 – 약간
소금 · 후춧가루 – 약간

루
밀가루 – 4작은술
버터 – 4작은술

만드는 법

① 게살은 해동시켜서 7㎝ 길이로 썰어 둔다.

② 브로콜리의 줄기 부분은 잘라 내고 먹기 좋은 크기로 송이송이를 짤라 끓는 물에 소금을 넣고 살짝 데친 후 찬물로 헹궈 물기를 빼 둔다.

③ 양파는 껍질을 벗겨 씻어 잘게 다지고, 바질은 씻어 가늘게 채 썬다.

④ 팬을 달군 다음 버터를 먼저 녹인 후 밀가루 4작은술을 넣고 불을 약하게 하고 타지 않게 잘 볶아서 루를 만든 후 식혀 둔다.

⑤ 냄비에 충분한 물을 붓고 끓으면 소금을 약간 넣고 준비된 스파게티 면을 넣고 7분간 삶아서 체에 밭쳐 물기를 뺀다. 이때 면 삶은 물을 2컵 정도 남겨 둔다.

⑥ 팬을 달군 다음 올리브유를 붓고 양파를 볶다가 양파가 투명해지면 데쳐 둔 브로콜리와 손질해 둔 게살을 넣어 볶는다. 게살이 어느 정도 익으면 화이트 와인을 뿌려 잡냄새를 날린다.

⑦ 면 삶은 물과 생크림을 ⑥에 붓고 식혀 둔 루를 넣고 잘 저으며 끓인다.

⑧ ⑦의 소스가 끓으면 삶아 둔 스파게티 면을 넣고 소금, 후춧가루로 간을 한다. 채 썬 바질과 조미용 버터를 넣고 고루 섞어 스파게티에 소스가 잘 배게 한다.

⑨ 완성된 파스타를 그릇에 담고 위에 날치알을 올린 후 다진 파슬리를 뿌려 낸다.

*게살은 냉동이나 통조림이나 아무거나 사용해도 됨.

(8) 까르보나라 스파게티

〈재료 및 분량〉

우유 400g
베이컨 – 200g
달걀노른자 – 2개
스파게티 면 – 400g
파슬리 – 1줄기
파마산 치즈 – 50g
통흑후추 – 약간
소금 · 후춧가루 – 약간

만드는 법

① 통흑후추는 굵게 부수어 둔다. 베이컨도 1㎝ 폭으로 잘라 둔다.

② 달군 팬에 오일을 조금 붓고 잘라 둔 베이컨과 부수어 둔 흑후추를 약간 넣고 노릇하게 볶는다.

③ 파마산 치즈와 우유, 달걀노른자, 흑후추를 미리 잘 섞어서 볶아 둔 베이컨과 섞어 소스를 만든다.

④ 끓는 물에 소금을 넣고 스파게티 면을 넣고 7분간 삶는다. 삶은 면은 건져서 올리브유를 발라 둔다.

⑤ 소스와 ④를 팬에 넣고 볶으면서 농도를 맞춘 다음 소금, 후춧가루로 간을 한다.

* 소스농도가 묽으면 조리고, 농도가 되면 우유를 더 넣는다.

⑥ 다 된 면을 그릇에 담고 위에 파슬리 가루를 뿌려 낸다.

(9) 피자파이(pizza pie)

1 피자 도(pizza dough)

〈재료 및 분량〉

밀가루(강력분) - 250g
버터 - 15g
설탕 - 5g
샐러드유 - 40g
소금 - 1작은술
우유 - 50cc
이스트 - 15g
물 - ½컵

만드는 법

① 밀가루를 제외한 나머지를 잘 혼합한다.

② 밀가루를 넣어 반죽하는데 너무 긴 시간 반죽하지 말고 잘 혼합될 정도만 한다.

③ 1인분에 150g 정도로 약 20분간 발효시켜 준다. 발효된 반죽은 주물러서 가스를 빼고 다시 2차 발효를 시킨다.

2 피자 소스(pizza sauce)

만드는 법

① 양파와 마늘을 다져서 올리브유에 볶는다.

② 토마토는 껍질과 씨를 뺀 후 다져서 ①과 같이 볶는다.

③ 나머지 향료와 스톡을 넣고 걸쭉하게 끓여서 졸인다.

④ 간을 맞춘다.

〈재료 및 분량〉

양파 - 100g
오레가노 - 5g
마늘 - 5쪽
바질가루 - 5g
완숙 토마토 - ½개
토마토 페이스트 - ⅓컵
소금 · 후춧가루 - 각 2g
올리브유 - 20㎖
스톡 - ½컵

③ 피자 쿼트로(pizza quatro)

〈재료 및 분량〉

피자 도
피자 소스
블랙과 그린 올리브 - 100g
양송이버섯 - 100g
햄 - 100g
청피망 - ½개
홍피망 - ½개
양파(링모양으로 자른 것) - ½개
모차렐라 치즈 - 200g

만드는 법

① 도를 밀어 넓게 편 후 그 위에 앞서 만든 피자 소스를 바른다.

② 양송이, 올리브, 햄, 청피망, 홍피망, 양파를 얇게 잘라서 소스를 바른 도에 보기 좋게 놓는다.

③ ②위에 피자치즈를 덮고 180℃ 오븐에서 색깔이 날 때까지 굽는다.

*피자 위에 올리는 재료에 따라 여러 가지 이름을 가진다. 대체로 양송이, 소시지, 올리브, 살라미, 피망, 앤쵸비, 새우 등을 다양하게 얹는다.

(10) 타코스(tacos)

만드는 법

① 양상추는 깨끗이 씻어 찬물에 담가 둔다.
② 양파는 얇게 채를 썰어 식초물에 담가 둔다.
③ 아보카도는 씨를 빼고 껍질도 제거하고 얇게 잘라 둔다.
④ 새우는 내장을 제거하고 뜨거운 물에 데친 다음 식혀서 껍질을 까고 세로로 2등분해 둔다.
⑤ 소시지는 몸통에 칼집을 넣고 팬에서 굽는다.
⑥ 양상추는 먹기 좋은 크기로 찢은 뒤 채 친 양파와 같이 물기를 제거해 둔다.
⑦ 기름을 두르지 않은 팬이나 오븐에 토르티야를 데운다.
⑧ 준비된 재료들을 취향에 맞게 골라서 토르티야에 놓고 소스를 곁들여 싸서 먹는다.

*'타코'는 '무언가를 싸서 먹는다' 즉 먹는 방식을 말한다. 싸 먹는 것은 다양하며 토르티야가 가장 대중적이라고 할 수 있다. 싸서 먹는 재료들도 다양하게 바뀔 수가 있다.

〈재료 및 분량〉

토르티야 - 10장
양상추 - 5장
양파 - ½개
아보카도 - 2개
소시지(큰 것) - 5개
새우 - 5마리

살사 멕시카나
토마토(완숙) - 4개
양파 - ½개
청양 고추(세라노고추) - 2개
라임 - 1개
마늘 - 2쪽
고수(다진 것) - 2큰술
소금 · 후춧가루 - 약간

– 살사 멕시카나(삐꼬 데 가요) 만들기 –

① 잘 익은 토마토 4개는 껍질을 모두 제거하고 4조각으로 잘라 씨를 다 빼낸 다음 다져 둔다.
② 양파는 곱게 다진다.
④ 청양고추를 씨를 빼고 잘게 다진다.
⑤ 고수 잎을 다져 둔다.
*취향에 따라 미나리로 대체 가능하다.
⑥ 마늘도 다지고 라임도 즙을 낸다.
⑦ 준비된 재료들을 잘 섞고 소금과 후춧가루로 간을 한다.
*간이 너무 세면 이 소스의 맛이 덜하니 조금만 하는 것이 좋다.
⑧ 만들어서 30분 뒤에 먹는 것이 가장 맛이 좋고, 2~3일 내에 다 먹어야 한다.

(11) 팬 케이크(pan cake)

〈재료 및 분량〉

밀가루 – 2컵
베이킹파우더 – 2작은술
소금 – ½큰술
설탕 – 4큰술
달걀 – 1개
우유 – 1컵
버터(또는 식용유) – 2큰술
바닐라 에센스 – 약간

만드는 법

① 밀가루를 체로 거른 다음 계량하여 베이킹파우더, 소금, 설탕을 함께 섞어 다시 체로 골고루 쳐서 섞는다.

② 달걀, 우유, 버터 녹인 것(또는 식용유)과 바닐라를 섞어 잘 젓고, 이것을 ①에 붓고 밀가루가 섞일 때까지만 젓는다.

③ 두꺼운 팬(griddle)을 뜨겁게 하여 온도 조절을 하여 약한 불에서 직경 12㎝ 정도의 크기로 굽는다.

*뚜껑을 덮고 굽는다.

④ 더울 때 버터, 시럽, 꿀 중의 한 가지와 함께 내면 좋다.

(12) 와플(waffle)

〈재료 및 분량〉

밀가루(박력분) - 2컵
베이킹파우더 - 2작은술
소금 - 1큰술
설탕 - 2큰술
달걀 - 2개
우유 - 1½컵
버터 - 6큰술

만드는 법

① 밀가루를 체로 거른 후 계량하여 여기에 베이킹파우더, 소금, 설탕을 넣고 다시 체로 쳐 놓는다.

② 달걀노른자와 흰자를 분리하여 담고, 노른자에 우유와 녹인 버터를 넣고 잘 섞은 다음 여기에 ①을 넣고 가루가 섞일 때까지만 섞는다.

③ 달걀흰자를 거품내어 ②에 가볍게 섞는다.

④ 완성된 반죽을 와플 팬에 붓고 4~5분간 구워 익혀 낸다.

⑤ 와플이 뜨거울 때 버터나 시럽, 꿀 중의 한 가지를 첨가하여 제공한다.

(13) 도넛(doughnuts)

만드는 법

① 밀가루를 체로 한 번 거른 후 계량하여 반죽 그릇에 담고, 여기에 베이킹파우더, 소금, 계피가루를 넣고 다시 체로 친다.

② 그릇에 쇼트닝을 담고 주걱으로 잘 저은 후 설탕을 조금씩 넣으며 계속 저어 가볍고 폭신폭신해질 때까지 크리밍한다.

③ ②에 달걀을 넣으며 계속 젓다가 오렌지 껍질을 섞는다.

④ ③에 분량의 우유, 밀가루의 반을 순서대로 넣고 젓다가 다시 우유, 밀가루의 남은 반을 넣고 젓는다.

*너무 많이 저으면 도넛이 딱딱해지므로 모두 합하여 100번이 넘지 않도록 해야 한다.

⑤ 도마 위에 약간의 밀가루를 뿌리고 ④의 반죽덩어리를 적당량 놓고 밀대를 이용하여 약 1㎝ 두께로 민다. 이때 반죽을 손으로 너무 주무르지 않도록 한다.

⑥ 예열된 튀김기름의 온도 170~180℃ 정도에서 튀겨 낸다.

〈재료 및 분량〉

밀가루 - 3컵
베이킹파우더 - 2작은술
소금 - ½큰술
쇼트닝 - 3큰술
계핏가루 - ½큰술
버터 - 1큰술
설탕 - ½큰술
달걀 - 1개
오렌지 껍질(다진 것) - 1큰술
우유 - ½컵
샐러드유 - 3큰술

11 샌드위치 조리

(1) 달걀 샌드위치(egg sandwiches)

〈재료 및 분량〉

식빵 – 6쪽
달걀 – 3개
마요네즈 – 6큰술
소금 – 약간
파슬리 – 약간

만드는 법

① 달걀을 삶을 때 노른자가 가운데로 가도록 굴리며 완숙으로 삶은 후 에그커터로 잘라 둔다.

② 나이프를 이용하여 식빵 한쪽 면에 마요네즈를 바르고 잘라 놓은 달걀을 가지런히 놓은 후 소금을 조금씩 뿌린다.

③ 만든 샌드위치는 빵의 가장 자리를 잘라 내고 먹기 좋은 크기로 자른다.

④ 그릇에 샌드위치를 담고 파슬리를 접시에 보기좋게 담아서 낸다.

*달걀 샌드위치 만드는 다른 방법은 달걀을 흰자 노른자 나누어 따로따로 곱게 다져서 마요네즈에 버무려 식빵 사이에 흰자와 노른자 무친 것을 따로따로 넣는 방법으로도 만들 수 있다.

(2) 치킨 샌드위치(chicken sandwiches)

〈재료 및 분량〉

식빵 – 6장
양겨자(머스타드) – 4큰술
버터 – 4큰술
닭가슴살 – 150g
양상추 – 3장
토마토 – 1개
마요네즈 – 4큰술
소금 · 후춧가루 – 약간

만드는 법

① 양겨자(머스터드)와 버터를 섞어서 머스터드 버터를 만든다.

② 닭가슴살은 소금을 넣고 삶아 납작하게 저며서 소금, 후춧가루를 뿌려 둔다.

③ 양상추는 깨끗이 씻어 먹기 좋은 크기로 뜯고, 토마토는 얇게 썰어 둔다.

④ 빵은 팬에 살짝 구워서 머스터드 버터를 바르고 그 위에 양상추, 마요네즈, 토마토를 얹는다.

⑤ ④의 위에 위에 닭가슴살을 얹은 다음 머스터드 버터를 바른 다른 식빵을 얹은 후 면보로 싸고 무거운 것으로 조금 눌러 둔다.

⑥ 빵의 가장자리를 잘라내고 먹기 좋은 크기로 잘라 접시에 담아낸다.

(3) 삼색 샌드위치(three color sandwiches)

〈재료 및 분량〉

식빵 – 12장
오이 – 1개
달걀 – 2개
햄 – 100g
버터 – 약간
마요네즈 – 4큰술
소금 · 후춧가루 – 약간

만드는 법

① 식빵의 한 면에 버터를 바른다.

② 햄을 얹을 식빵에는 머스터드 버터를 바른다.

③ 달걀을 풀어서 소금과 후춧가루를 넣고 잘 저은 후 팬에서 익힌다.

④ 오이는 얇게 썰어서 소금을 뿌려 절여지면 물기를 제거한다.

⑤ 햄은 식성에 따라 굽거나 그대로 사용한다.

⑥ 버터나 마요네즈를 바른 식빵 위에 준비된 달걀 익힌 것, 오이 절인 것과 햄 등을 각각 펴서 식빵에 얹어 색깔을 맞추어 포갠 후 물에 적셔 꼭 짠 면 보자기로 싸서 가볍게 눌러 두었다가 모양 있게 잘라 낸다.

(4) 햄버거 샌드위치(hamburger sandwiches)

〈재료 및 분량〉

쇠고기(다진 것) – 200g
양파 – 50g
셀러리 – 50g
빵가루 – 4큰술
소금 · 후춧가루 – 약간
양상추 – 6장
양파 – ½개
토마토 – 1개
햄버거 빵 – 6개
버터 – 60g
토마토케첩 – 6큰술
머스터드 마요네즈 – 3큰술

만드는 법

① 양파와 셀러리는 곱게 다져 버터를 녹인 팬에 노릇노릇하게 볶는다.

② 다진 쇠고기에 볶은 양파와 셀러리, 빵가루, 소금, 후춧가루로 간을 맞춘 후 치대어 반죽한다.

③ ②를 1.5㎝ 두께로 둥글게 뭉쳐서 그릴이나 팬에 기름을 두르고 앞뒤를 굽는다.

④ 햄버거 빵을 가로로 2등분하여 단면에 버터를 바르고 살짝 굽는다. 구운 빵에 토마토와 양상추 한 잎을 깔고 머스터드 마요네즈를 바르고 고기를 얹은 후 양파를 얇게 썰어 얹고 나머지 빵을 맞붙여 낸다.

(5) 비, 엘, 티 샌드위치(bacon, lettuce, tomato dandwich)

〈재료 및 분량〉

식빵 – 12장
양상추 – 6장
토마토 – 2개
베이컨 – 6장
마요네즈 – 5큰술
소금 · 후춧가루 – 약간

만드는 법

① 빵은 살짝 구워 둔다.

② 베이컨은 팬에 지져서 기름을 빼 놓는다.

③ 토마토는 얇게 썰어 둔다.

④ 구운 식빵 위에 마요네즈를 바르고 양상추와 베이컨 구운 것을 차례대로 얹은 후 식빵을 맞덮는다.

⑤ ④에 다시 토마토 썰은 것을 얹고 약간의 소금과 후춧가루를 뿌린 후 나머지 빵을 덮어 3단으로 만든다.

⑥ 면포에 싸서 약간 무게를 주어 모양을 잡은 뒤 가장자리를 자르고 모양 있게 썰어 낸다.

(6) 클럽 샌드위치(club sandwich)

〈재료 및 분량〉

식빵 – 12장
양상추 – 8장
닭고기(구운 것) – 150g
베이컨 – 150g
토마토 – 2개
버터 – 4큰술
양겨자(머스터드) – 4큰술
소금 · 후춧가루 – 약간

만드는 법

① 버터와 양겨자(머스터드)를 섞어 머스터드 버터를 만든다.

② 식빵을 살짝 구워 식힌 후 머스터드 버터를 바른다.

③ 베이컨은 가열한 팬에서 지져 기름을 뺀다.

③ 토마토는 얇게 썰고 구운 닭고기는 얇게 저며 소금, 후춧가루를 뿌려 둔다.

④ 식빵을 살짝 구워 식힌 후 머스터드 버터를 바른다.

⑤ 구운 식빵 위에 양상추를 깔고 구운 닭고기를 얹은 후 다시 식빵을 덮고 베이컨과 토마토를 차례로 얹은 후 식빵을 덮어 3단으로 만들어 면포에 싸 무게를 주어 모양을 잡는다.

(7) 롤드 샌드위치(rolled sandwich)

만드는 법

① 식빵의 껍질 부분을 잘라낸다.
② 햄과 피클은 세로로 굵직하게 채 썬다.
③ 달걀은 완숙하여 노른자와 흰자를 나누어 다진 다음 마요네즈와 소금으로 간을 한다.
④ 식빵 한 면에 머스터드 버터를 바른 후 잘라 둔 햄을 넣어서 말아 꼬챙이로 고정한다.
⑤ 버터 바른 빵에는 피클과 달걀 등을 넣고 말아 꼬챙이로 고정시킨다.

〈재료 및 분량〉

식빵 - 12개
햄 - 100g
오이피클 - 2개
달걀 - 3개
버터 - 30g
양겨자(머스터드) - 1큰술
마요네즈 - 2큰술
소금 - 약간

12 디저트

(1) 딸기 쇼트 케이크(strawberry short cake)

〈재료 및 분량〉

밀가루(박력분) – 4컵
베이킹파우더 – 4작은술
소금 – ½작은술
버터 – ½컵
달걀 – 2개
우유 – 2컵
설탕 – 4큰술

장식용
딸기 – 200g
생크림 – 2컵
설탕 – ½컵

만드는 법

① 버터는 나무주걱으로 잘 으깨고, 밀가루, 베이킹파우더, 소금을 섞어 체에 2~3번 거르며 섞는다.

② 달걀은 흰자와 노른자를 섞어 젓다가 우유를 조금씩 부어 가며 잘 저은 후 설탕을 넣고 다시 젓는다. 이것을 세 번에 나누어 ①에 넣는데, 이 때 가볍게 섞으면서 끈기가 생기지 않도록 반죽한다.

③ 베이킹 팬(2개)에 버터를 바르고 ②의 반죽을 1/2씩 나누어 붓는다.

④ 케이크를 굽기 10분 전쯤 오븐을 켜서 190℃가 되면 반죽을 담은 베이킹 팬을 넣고 약 20분간 굽다가 케이크가 연한 갈색을 띠면 꺼내어 식힌다. 식힌 케이크는 반으로 2장으로 자른다.

⑤ 딸기는 씻어서 꼭지를 뗀 후 설탕을 뿌린다.

⑥ 생크림은 거품을 내어 케이크 위에 편 후 딸기를 얹고, 남은 케이크 1장을 얹는다.

⑦ 다시 거품 낸 생크림과 딸기로 장식한다.

(2) 바나나케이크

〈재료 및 분량〉

바나나 - 6개
레몬즙 - 약간
설탕 - 약간
밀가루 - 약간

반죽
밀가루(박력분) - 2컵
베이킹파우더 - 2작은술
소금 - 약간
버터 - 100g
설탕 - 8큰술
달걀 - 4개
우유 - 1컵

만드는 법

① 달걀은 풀어 놓고 밀가루는 베이킹파우더와 소금을 넣고 체에 친다.

② 움푹한 그릇에 버터를 넣고 고루 저어 부드러워지면 설탕을 넣고 젓는다. 설탕의 서걱거리는 소리가 나지 않으면 달걀 푼 것을 조금씩 부으면서 고루 저어서 잘 섞이게 한다.

③ 그릇에 다시 체 친 밀가루를 솔솔 뿌리듯이 넣어 살살 반죽한다.

④ 바나나는 큼직하게 썰어 레몬즙과 설탕에 재웠다가 마른 밀가루를 묻혀 반죽에 섞는다.

⑤ 케이크 틀에 버터를 손가락으로 고루 펴 바른다. 반죽을 케이크 틀의 70% 정도 부은 다음 170℃ 오븐에서 20분간 구워낸다.

⑥ 틀에서 케이크를 떼어낸 후 접시에 담아낸다.

(3) 애플 파이(apple pie)

〈재료 및 분량〉

밀가루(박력분) - 2컵
소금 - 1작은술
식용유 - ½컵
물 - 6큰술

사과 - 2개
설탕 - ½컵
소금 - 1작은술
계핏가루 - ½큰술
버터 - ½큰술
레몬즙 - 1큰술

만드는 법

① 밀가루와 소금을 섞어 체에 친다.

② 기름과 물을 섞어 밀가루에 잘 섞은 후 냉장고에서 30분 이상 숙성시킨다.

③ ②를 둘로 나누어 둥글게 빚어서 0.5㎝ 두께로 밀어 파이 팬에 넣는다.

④ 파이 덮개 부분도 밀대로 밀어 아래 판보다 조금 크게 만들어 포크로 구멍을 내거나, 파이 소를 담은 후 띠 모양으로 잘라 서로 지그재그로 엮어 파이소를 덮을 수 있게 준비한다.

⑤ 팬에 담긴 파이 껍질에 파이 소를 퍼 담는다.

⑥ 위에 다시 파이 껍질을 덮은 후 200℃ 오븐에서 25분간 굽는다.

–파이 소(pie filling) 만들기–

① 사과는 껍질을 벗기고 속을 빼낸 후 납작하게 썬다.

② 냄비에 담고 계피가루, 설탕, 소금을 넣어 약한 불에서 끓인다.

③ 사과가 익어서 투명해지면 뚜껑을 열고 국물을 조린 후 레몬즙과 버터를 넣은 다음 식힌다.

(4) 크레이프 수제트(pan cake suzette)

〈재료 및 분량〉

밀가루 – 90g
버터 – 25g
설탕 – 50g
달걀 – 2개
생크림 – 250㎖
소금 – 1작은술

소스
설탕 – 400g
버터 – 50g
레몬즙 – 25㎖
오렌지주스 – 250㎖

만드는 법

① 체로 친 밀가루에 설탕과 소금을 섞는다.

② ①에 신선한 생크림 1/2을 붓고 거품기로 혼합한 다음 달걀을 깨뜨려 넣고 다시 나머지 1/2정도의 생크림을 부어 완전히 혼합한다.

③ ②에 버터를 녹여 부어 완성한다.

④ 완성된 반죽을 20~30분 냉장고에 넣었다 꺼내서 기름을 넣지 않은 팬에 12㎝ 정도의 크기로 한 번만 뒤집서 부친 다음, 반으로 접고 다시 반으로 접어 준비된 소스를 뜨겁게 해서 위에 충분히 뿌려 준다.

– 소스 조리법 –

① 먼저 설탕과 레몬, 오렌지주스를 중간 불에 올려서 갈색이 나도록 117℃까지 온도를 높여서 캐러멜화한다.

② 뜨거운 ①에 버터를 넣어 녹여 완성한다.

(5) 잼 크레이프

〈재료 및 분량〉

밀가루 – 1컵
우유 – 1컵
달걀 – 1개
녹인 버터 – 1큰술
소금 · 설탕 – 약간

사과잼

사과 – 2개
설탕 – ½컵
레몬 – 2쪽(또는 레몬즙 – 2작은술)

만드는 법

① 사과는 껍질을 벗기고 강판에 갈아서 준비한다.

② 레몬은 반달 모양으로 썬다.

③ 냄비에 사과와 레몬, 설탕을 넣고 은근한 불에서 조린다. 조리 도중에 생기는 거품은 걷어낸다.

④ 충분히 조린 후 한 수저 떠서 물에 담가 보고 흐트러지지 않으면 잼이 완성된 것이다.

⑤ 크레이프 반죽을 만들기 전 밀가루를 체에 한 번 거른다.

⑥ 넓은 그릇에 달걀과 우유를 넣어 잘 풀고 밀가루, 녹인 버터, 소금, 설탕을 넣어 거품기로 젓는다.

*끈기가 있어야 쫀득하다.

⑦ 열이 오른 두터운 팬에 기름을 엷게 바르고 한 국자씩 떠 넣어 얇게 펴서 앞뒤를 노릇하게 부친다.

⑧ 사과잼을 넣고 싸서 먹는다.

(6) 프루트 펀치(fruit punch)

〈재료 및 분량〉

복숭아(통조림) – ½통
오렌지(통조림) – ½통
파인애플(통조림) – ½통
체리 – 12개
과일주스 – 2컵
설탕 – 약간
사이다 – 1컵
물 – 1컵
화이트 와인 – ½컵

만드는 법

① 통조림 과실을 같은 크기로 썰어 차게 준비한다.

② 통조림의 주스는 모두 섞어 물로 희석한 다음 와인과 설탕으로 맛을 조절하여 차게 둔다.

③ 먹기 직전에 ④의 주스와 과일을 섞어 펀치 글라스에 담는다.

*생과일을 이용할 때는 작게 잘라 설탕에 재어 두었다가 사용한다.

*아이들이 먹을 때는 화이트 와인을 넣지 않는다.

제4장

아시아음식 조리

1 중국음식

(1) 진주단자

〈재료 및 분량〉

돼지고기(다진 것) - 200g
물 - 2큰술
찹쌀 - 1컵

고기 양념
대파(다진 것) - 1큰술
마늘(다진 것) - 1½큰술
생강가루 - 1작은술
전분 - 2큰술
굴소스 - 2큰술
양파(다진 것) - 2큰술
참기름 - ½큰술
맛술 - 1큰술
소금 · 후춧가루 - 약간

양념장
고추기름 - 2큰술
간장 - 3큰술
식초 - 2큰술
설탕 - 1작은술
물 - 1큰술

만드는 법

① 깨끗이 씻은 찹쌀은 3~4시간 정도 불렸다가 채반에 받쳐 물기를 제거한다.
*불리는 시간이 길수록 찹쌀이 잘 익는다.

② 다진 돼지고기에 분량의 고기 양념을 넣어 치댄 후 물 2큰술을 넣고 다시 한번 치대고 치댄다.

③ 치댄 돼지고기는 완자를 한입 크기(2~3㎝)로 동글동글하게 빚어 불린 찹쌀에 골고루 잘 묻게 굴려 둔다.

④ 김 오른 찜통에 면포를 깔고 조심스럽게 완자를 올리고 뚜껑을 덮어 20분간 쪄서 낸다.

⑤ 찐 진주완자는 그릇에 담아 고추기름을 넣은 양념장과 곁들여 낸다.

(2) 탕수육

〈재료 및 분량〉

돼지고기 – 300g
양파 – ½개
목이버섯 – 5g
오이 – ½개
당근 – ⅓개
녹말 앙금 – ½컵
달걀흰자 – ½개
식용유(튀김용) – 적당량
간장 – ½큰술
생강즙 – ½작은술
후춧가루 – 약간
육수 – ½컵

소스
간장 – 4큰술
식초 – 2큰술
후춧가루 – ⅛작은술
물녹말 – 3큰술
설탕 – 3큰술

만드는 법

① 오이와 당근은 마름모꼴이나 꽃 모양으로 썰어 두고, 양파는 굵게 채 썬다. 죽순은 모양을 살려 썰어 둔다.

② 돼지고기는 가로 4cm, 세로 0.8cm, 두께 0.8cm 되게 썰어 간장과 생강즙, 후춧가루에 재어 둔다.

③ 재어 둔 돼지고기에 녹말 앙금과 달걀흰자를 섞어서 무친 뒤 150~200℃ 온도로 가열한 식용유에 두 번 튀긴다.

*녹말 앙금: 전분을 조리하기 하루 전에 물에 담가 두었다가 윗물을 따라 버리고 밑에 가라앉아 있는 녹말을 말한다.

④ 팬에 식용유를 약간 두르고 준비된 야채를 넣고 볶다가 여기에 육수를 넣고 끓으면 식초, 간장, 설탕을 넣고 한소끔 끓으면 물 녹말로 농도를 맞추어 소스를 만든다.

⑤ ④에 튀긴 고기를 넣고 섞어서 그릇에 담아낸다.

(3) 마파두부

〈재료 및 분량〉

두부 - 1모
마늘 - 2쪽
생강 - ½쪽
대파 - 1대
돼지고기(다진 것) - 100g
청고추 - 1개
홍고추 - 1개
식용유 - 약간
후추 - 약간
두반장 - 2큰술
고추기름 - ½큰술
육수 - 2컵
잠기름 - 1작은술

소스
간장 - ½큰술
설탕 - 1작은술
굴소스 - 1작은술
물녹말 - 1큰술
물(또는 육수) - ½컵

만드는 법

① 대파와 청고추, 홍고추는 쌀알 크기로 썰고, 마늘과 생강은 곱게 다진다.

② 두부는 1.5㎝ 크기의 정육면체로 썰어 뜨거운 물에 데쳐 놓는다.

③ 팬을 달구어 약간의 식용유와 고추기름 1/2큰술을 넣고 다진 마늘, 생강을 넣고 볶다가 준비된 대파와 고추를 볶는다. 다음으로 다진 돼지고기를 넣고 볶다가 두반장을 넣고 볶는다.

④ ③에 육수를 붓고 끓이다가 대친 두부를 넣고 끓으면 소스를 넣고 간과 녹말의 농도를 맞추고 한소끔 끓으면 마지막으로 참기름을 넣고 완성한다.

*두부는 일반 크기는 1모로 준비한다. 큰 두부는 ½모 준비한다.

(4) 매콤한 게 볶음

〈재료 및 분량〉

냉동 꽃게 – 2마리
밀가루 – ⅓컵
대파 – ½뿌리
생강 – 5g
마늘 – 10g(3쪽)
홍고추 – 3개
식용유(튀김용) – 적당량

종합양념
파기름 – 1큰술
고추기름 – 1큰술
XO장 – 1작은술
청주 – 1작은술
간장 – 1½큰술
소금 – 약간
육수 – 1컵
설탕 – 1½큰술
후추 – 약간
녹말 – ½큰술
참기름 – 1작은술

만드는 법

① 대파는 쌀알 크기로 썰고, 마늘과 생강은 좀 더 곱게 다진다. 홍고추도 쌀알 크기로 다져 둔다.

② 꽃게는 깨끗이 씻어 등 껍데기를 벗겨 내고 4등분이나 6등분을 한다.

③ 손질한 게는 밀가루를 묻혀서 130~170℃로 달군 식용유에 두 번 노르스름한 빛깔이 나게 튀긴다. 너무 오래 튀기지는 않는다.

④ 달군 팬에 파기름, 고추기름를 넣고 준비된 파와 고추, 생강, 마늘을 넣고 볶는다.

⑤ ④의 볶는 과정에서 종합양념(XO장, 청주, 간장, 육수, 설탕, 후춧가루, 녹말)을 넣고 끓으면 게를 넣고 2~3분간 가열하다가 마지막으로 참기름을 넣어 완성한다. 싱거우면 소금 간을 한다.

*껍질이 너무 두꺼운 게는 먹기가 안 좋다.

*토막 친 냉동 게가 먹기 편하다.

(5) 난자 완자(난자완스)

〈재료 및 분량〉

돼지고기(간 것) – 200g
전분 – 2큰술
식용유 – 약간
청경채 – 3포기
죽순 – ½토막
표고버섯 – 2개
홍고추 – 2개
참기름 – 약간

돼지고기 양념
청주 – 1작은술
파 · 마늘(다진 것) – 각각 ½큰술
날걀노른사 – 1개
소금 · 후춧가루 – 약간

소스
청주 – 1큰술
간장 – 1큰술
설탕 – 1큰술
물 – ½컵
굴소스 – 1큰술
물녹말 – 1큰술
후춧가루 – 약간
참기름 – 약간
파 · 마늘(다진 것) – 각각 1큰술

만드는 법

① 돼지고기를 곱게 갈아서 돼지고기 양념을 해서 잘 치댄 다음 전분을 넣어 반죽한다. 반죽한 고기를 왼손의 엄지와 검지 사이를 이용하여 둥글게 완자를 만들어 미리 기름을 칠하여 놓은 접시에 둔다.

② 죽순, 표고버섯은 납작납작하게 편으로 썰어 끓는 물에 살짝 데쳐 둔다.

③ 청경채는 작은 것은 2등분하고 크면 4등분을 해서 소금물에 살짝 데쳐 둔다. 홍고추는 반으로 갈라 씨를 빼고 4㎝길이로 채를 썰어 둔다.

④ 팬을 가열한 후 기름을 넣고 빚어 놓은 완자를 눌러서 직경 5㎝ 정도의 크기로 지진 다음 다시 뒤집어 낮은 온도에서 양면이 노릇하게 되게 굽는다.

⑤ 팬에 기름을 약간 넣고 굵게 다진 파와 마늘을 넣고 볶아 향을 낸 다음 술, 간장, 굴소스로 간을 하고 준비한 채 썬 홍고추, 버섯, 죽순, 청경채를 넣어 볶는다.

⑥ ⑤에 설탕, 물을 넣고 끓인 후 지진 고기완자를 넣고 잘 섞은 다음 물 전분을 넣고 센 불에서 신속하게 볶은 뒤 약간의 후춧가루와 참기름을 넣고 불을 끈다.

(6) 닭고기 캐슈너트

〈재료 및 분량〉

캐슈넛 - ½컵
토막친 닭 - ½마리
청피망 - ½개
홍피망 - ½개
양파 - ½개
셀러리 - 2대
죽순 - ½쪽
표고버섯 - 2개
마늘 - 4쪽
생강 - 약간
대파 - ½대
고추기름 - 2큰술
참기름 - 약간

닭 밑간
진간장 - ½큰술
청주 - 1큰술
달걀흰자 - ½개
녹말가루 - 1큰술

소스
두반장 - 2큰술
굴소스 - 1큰술
설탕 - 2작은술
후춧가루 - 약간

물녹말
녹말 - 1큰술
물 - 3큰술

만드는 법

① 닭은 적당한 크기로 썰어 닭 밑간의 청주와 진간장으로 양념해 두었다가 달걀흰자, 녹말가루에 잘 섞어 놓는다.

② 대파, 생강, 마늘은 저며 놓고, 청피망, 홍피망, 양파, 죽순, 표고버섯, 셀러리는 비슷한 크기로 잘라 둔다.

③ 재어 둔 닭고기는 물기를 따라내고 달군 기름 팬에 골고루 익혀 준다.

④ 익은 고기는 꺼내 두고, 프라이팬에 기름을 두르고 저며 둔 생강, 마늘, 대파를 넣고 볶다가 향이 나면 양파도 넣어 볶아 준다.

⑤ 양파를 볶다가 나머지 야채들을 넣고 다시 볶다가 야채가 익으면 준비된 소스에 물녹말을 넣고 볶는다. 볶아 둔 닭고기를 넣고 같이 볶는다. 소스가 고루 배면 고추기름을 넣고 섞어 준다.

⑥ 마지막으로 캐슈넛을 함께 섞어 볶다가 참기름을 한 방울 넣고 완성한다.

(7) 삼선 누룽지탕

〈재료 및 분량〉

찹쌀 누룽지 – 4개
중새우 – 4마리
오징어 – ½마리
조갯살 – 50g
죽순 – ½개
표고버섯 – 2개
청경채 – 3뿌리
양송이버섯 – 2개
마늘 – 3쪽
생강 – ½쪽
대파 – 1뿌리
식용유(튀김용) – 적당량

소스

굴소스 – 1큰술
진간장 – 1큰술
설탕 – 1큰술
소금 – 1작은술
닭육수 – 3컵
청주 – 3큰술
감자전분 – 3큰술
후춧가루 – 약간
참기름 – 약간

만드는 법

① 생강은 껍질을 까 납작하게 썰고, 대파는 줄기부위를 2㎝길이로 잘라 반을 갈라 둔다. 청경채는 깨끗이 씻어 밑동을 중심으로 잎과 줄기를 1/2 자르고, 죽순은 빗살무늬가 생기게 잘라 둔다.

② 표고버섯과 양송이버섯도 씻어 버섯 모양대로 잘라 둔다.

③ 오징어는 껍질을 벗기고 안쪽에 격자로 칼집을 넣어 솔방울 무늬로 만들고, 새우 크기로 자른다. 새우는 내장을 제거하고 껍질을 벗겨 길이로 2등분해 둔다.

④ 달군 팬에 기름을 붓고 납작하게 썰어 둔 생강을 볶아 향을 낸 다음 잘라 둔 대파를 넣고 볶다가 준비된 청경채의 단단한 줄기부분, 죽순, 해물 등을 넣고 재빨리 볶다가 미리 준비해 둔 닭 육수와 잘라 둔 표고버섯을 넣고 한소끔 끓여 준다.

⑤ 소스가 끓을 동안 달군 기름에 찹쌀누룽지를 넣고 국자로 꾹꾹 눌러 가며 고루 부풀도록 잘 튀겨 준다.

⑥ 끓고 있는 소스에 잘라 둔 양송이버섯을 넣고 마지막으로 청경채 잎을 넣은 후 잘 섞어 참기름, 후춧가루를 넣고 마무리한다.

⑦ 튀긴 누룽지는 식기 전에 그릇에 담고 미리 만들어 둔 소스를 부어야 치익 하고 소리가 난다. 그러므로 재료를 준비하여 식탁에 가서 소스를 서빙하면 눈과 귀가 즐거운 음식이 될 것이다(누룽지가 식거나 소스가 너무 차도 소리가 안 남).

(8) 새우 완자 튀김

〈재료 및 분량〉

식빵 – 6쪽
분홍 생새우살 – 150g
설탕 – 1큰술
녹말가루 – 1큰술
후춧가루 – 약간
맛술 – 1작은술
달걀흰자 – ½개
식용유(튀김용) – 적당량

만드는 법

① 생새우살은 내장을 제거하고 다진 다음 소금, 후춧가루, 설탕, 술을 넣어 양념하고 달걀흰자, 녹말가루를 넣어 잘 섞는다.

② 식빵은 0.5㎝ 입방체로 썰어 놓는다.

③ 새우살을 손안에 넣고 엄지 손가락과 둘째 손가락 사이로 짜낸 다음, ②의 식빵을 묻혀 완자를 만든다.

④ 달군 기름에 완자를 넣고 튀겨 낸다. 이때 기름온도는 중간 불로 하여 타지 않게 튀긴다.

⑤ 튀김이 갈색이 되면 꺼내 기름을 뺀 다음 초간장과 함께 낸다.

(9) 새우 매운 볶음

〈재료 및 분량〉

새우(대) - 12마리
튀김 앙금 - 3큰술
달걀 - ⅓개
대파 - ½큰술
마늘 - ½큰술
생강 - ½작은술
식용유(튀김용) - 적당량

양념 1
고추기름 - 2큰술
청주 - 1큰술
고추장 - 1작은술
두반장 - 1작은술

양념 2
토마토케첩 - 4큰술
물녹말 - 1큰술
설탕 - 2큰술
후추 - 약간
물 - 2큰술

만드는 법

① 대파는 쌀알 크기로 썰고, 마늘과 생강은 다져 놓고, 새우는 등을 갈라 내장을 뺀다.

② 새우에 튀김 앙금(녹말을 물에 담가 두었다가 가라앉은 윗물을 버린 것), 달걀을 넣고 버무린 다음 노르스름하게 두 번 튀긴다.

*1차 튀김온도는 130~150℃, 2차 튀김온도는 150~180℃가 적당하다.

③ 팬에 식용유를 넣고 준비해 둔 마늘, 생강, 대파를 넣고 볶다가 양념 1을 넣고 다시 볶다가 새우 튀긴 것을 넣고 조금 볶는다. 다음으로 양념 2를 넣어 완성한다. 완성된 뒤에는 참기름을 조금 넣고 상에 낸다.

*물녹말은 녹말을 물에 담근 것을 말하며, 물과 녹말의 비율은 3:1이 좋다.

(10) 중국식 양상추쌈

〈재료 및 분량〉

양상추 – 12장
닭가슴살 – 200g
청피망 – ½개
홍피망 – ½개
셀러리 – 1대
죽순 – ½개
표고버섯 – 3개
식빵 – 2쪽
양파 – ½개
마늘(다진 것) – 1큰술
참기름 – 약간

닭고기 밑간
진간장 – ½큰술
청주 – ½큰술
후춧가루 – 약간

소스
굴소스 – 1큰술
진간장 – 1큰술
설탕 – ½큰술
고추기름 – 1큰술
참기름 – 약간

만드는 법

① 양상추는 밑동을 잘라 상추잎이 부서지지 않게 조심스레 떼어 가위를 이용해 둥근 모양으로 자른 후 씻어 물기를 닦아서 냉장고에 차게 준비한다.

* 아삭아삭한 맛이 나게 준비한다.

② 재료들은 모두 비슷한 크기에 맞추어 깍둑썰기를 하고, 닭가슴살은 청주, 진간장, 후춧가루로 밑간을 해 둔다.

③ 식빵은 1㎝ 크기로 깍둑썰기를 해서 높은 온도에서 재빨리 노릇하게 튀겨서 기름기를 뺀다.

*센불로 노릇하게 볶아서 사용하여도 된다.

④ 달군 팬에 다진 마늘을 볶아 향을 내다가 양파와 피망, 죽순, 표고, 셀러리 등의 재료를 모두 넣은 후 섞어 둔 소스와 고추기름을 넣고 재빨리 볶아 준비해 둔다.

⑤ 동그랗게 잘라 둔 양상추를 접시에 올려놓고 튀긴 식빵을 적당히 담은 후 볶아 둔 재료들을 얹어 낸다.

(11) 토마토케첩 갈비

만드는 법

① 당근은 가로 3cm, 세로 1cm, 두께 1cm로 자르고, 대파는 통째로 6cm 길이로, 생강은 편으로 납작하게 썰어 준비한다.

② 돼지갈비는 4cm로 잘라서 돼지갈비찜 양념을 넣고 그릇에 담아 20분간 중탕하여 찐다.

③ 중탕한 돼지갈비는 물기를 뺀 다음 150℃ 정도의 식용유에 연한 갈색이 나게 튀겨서 물기와 기름기를 빼 놓는다.

④ 팬에 고추기름을 두르고 대파와 생강을 넣어 고소한 향이 우러나게 한다.

⑤ ④에 당근과, 종합양념의 청주, 토마토케첩, 설탕, 물을 넣고 튀겨 놓은 돼지갈비, 후춧가루 순으로 넣은 다음 약한 불에서 10분 정도 졸여서 완성한다.

〈재료 및 분량〉

돼지(갈비) – 300g
식용유(튀김용) – 적당량
당근 – 50g
대파 – 1뿌리
생강 – 5g

돼지갈비찜 양념
대파(다진 것) – 4작은술
소금 – ¼작은술
생강 – ½작은술
청주 – 4작은술

종합양념
고추기름 – 2큰술
청주 – 4작은술
토마토케첩 – ½컵
설탕 – 2큰술
물 – ½컵
후춧가루 – 약간

(12) 부추잡채와 꽃빵

〈재료 및 분량〉

중국부추 – 150g
돼지(살코기) – 150g
식용유(데침용) – 400cc
달걀흰자 – ½개
녹말 – 1작은술
꽃빵 – 1인당 2개

양념
청주 – 1작은술
물 – 1작은술
굴소스 – ½큰술
소금 – 약간
후춧가루 – 약간
참기름 – 1작은술

만드는 법

① 부추는 깨끗이 다듬고 씻어 5㎝ 길이로 잘라서 둔다.

② 돼지고기는 4.5~5㎝로 채 썰어서 후춧가루와 소금을 약간 넣고 10분간 재어 두었다가, 달걀흰자와 녹말을 넣고 잘 섞은 뒤, 팬에 기름에 살짝 데쳐서 익힌 후 기름을 걸러 낸다.

③ 잘 달군 팬에 식용유를 두르고 부추를 넣은 다음 준비된 돼지고기를 넣고 재빨리 양념을 넣고 볶은 다음 마지막으로 참기름을 넣어 완성한다.

*부추의 색이 변하지 않게 재빨리 볶는 것이 중요하다.

④ 꽃빵을 같이 서빙한다.

(13) 무 당근말이 냉채

〈재료 및 분량〉

무 - 200g
당근 - 1개
소금 - 약간

양념
소금 - 1큰술
식초 - 3큰술
설탕 - 5큰술

만드는 법

① 무를 얇고 길고 넓게 썰어 소금을 뿌려 둔다. 무가 절여지면 설탕, 식초를 넣고 절인다.

② 당근은 곱게 채를 썬 후 기름을 약간 넣고 살짝 볶아 식힌 다음 소금, 식초, 설탕으로 무쳐 둔다.

③ 다 절여진 무를 펴서 당근 채를 길이로 가지런하게 놓고, 직경 2㎝ 정도의 원형이 되도록 말아 1~2㎝길이로 어슷하게 썰어서 그릇에 담아낸다.

(14) 게살 옥수수수프

〈재료 및 분량〉

게살 – 80g
옥수수 – 100g
달걀 – 1개

양념
파기름 – 1큰술
청주 – 1큰술
육수 – 2컵
소금 – 1작은술
물녹말 – 3큰술
후추 – 약간
참기름 – 약간

만드는 법

① 달군 팬에 파기름과 청주를 넣고 끓이다가 육수 2컵을 부어 끓인다.

② ①이 끓어오르면 게살을 넣고 풀리도록 끓이다가 거품을 말끔히 걷어내고 소금과 후춧가루로 간을 한다.

③ 게살이 충분히 풀리면 옥수수를 넣고 다시 한소끔 끓이다가 물녹말을 넣어 걸쭉하게 농도를 맞춘 뒤 달걀을 넣고 고루 저으면서 끓이다 참기름을 약간 둘러 마무리한다.

2 일본음식

(1) 해물 야키우동

〈재료 및 분량〉

우동면 – 1봉지
오징어 – ½마리
새우(중) – 5마리
양파 – ½개
당근 – ¼개
파프리카(노란색) – ¼개
홍고추 – 1개
느타리버섯 – ¼봉지
청경채 – 2뿌리
숙주 – ¼봉지
정종 – 1큰술
통깨 · 후춧가루 – 약간

소스
굴소스 – 2큰술
간장 – 3큰술
정종 – 2큰술
참기름 – 1큰술

만드는 법

① 우동면은 끓는 물에 삶아 찬물에 헹궈서 체에 받쳐 물기를 뺀다.

② 양파, 당근, 노란 파프리카, 홍고추, 느타리버섯, 청경채는 먹기 좋은 굵기로 채 썰고 숙주는 흐르는 물에 헹구듯이 씻어 둔다.

③ 오징어는 내장을 제거하고 껍질을 벗긴 다음 씻어 둔다. 새우는 머리와 내장을 제거한 뒤 껍질을 벗긴다.

④ 손질한 새우는 길이로 2등분하고 오징어도 새우와 같은 크기로 자른다.

⑤ 달군 팬에 식용유를 두르고 다진 마늘을 넣고 타지 않게 볶아 마늘 향을 낸다.

⑥ 이어서 준비된 해물을 넣고 정종을 넣고 센 불로 재빨리 볶는다. 여기에 숙주를 제외한 채소를 넣고 볶는다.

⑦ ⑤에 삶아 둔 우동면과 소스 재료를 넣고 센 불에서 국물 없게 볶는다.

⑧ 해물과 채소가 어느 정도 익으면 숙주와 통깨, 후춧가루를 넣는다. 숙주의 숨이 살짝 죽을 정도만 볶아 낸다.

(2) 어묵 우동

〈재료 및 분량〉

우동면 – 2봉지
어묵 – 사각 1개, 둥근 것 3개
새우(중) – 5마리
양파 – 30g
표고버섯 – 2개
대파 – 약간
쑥갓 – 2줄기
통깨 · 후춧가루 – 약간

국물
가쓰오부시 – 50g
간장 – 2큰술
다시마 – 20㎝
맛술 – 1큰술
소금 – 약간

만드는 법

① 우동면은 끓는 물에 삶아 찬물에 헹궈 체에 밭쳐 물기를 뺀다.

② 양파는 먹기 좋은 굵기로 채를 썰고, 표고버섯도 깨끗이 씻어 기둥을 제거한 뒤 양파 굵기로 채를 썬다. 쑥갓은 흐르는 물에 헹구듯이 씻어 둔다.

③ 새우는 머리와 내장을 제거한 후 껍질을 벗기고 길이로 반분해서 자른다.

④ 냄비에 물과 다시마를 넣고 끓기 시작하면 불을 끄고 가쓰오부시를 넣고 20분 후 건지를 다 건져내고 맑은 국물을 내서 사용한다. 이때 손질해 둔 새우와 표고버섯, 양파를 넣고 끓인다. 끓으면 소금으로 간을 맞춘다.

⑤ 어묵은 끓는 물에 한 번 데쳐서 기름을 제거한 다음 둥근 것은 반으로, 네모는 좀 굵게 잘라 둔다. 대파는 어슷하게 썰어 둔다.

⑥ 국물을 끓이다가 준비된 어묵을 넣고 다시 한번 끓인 후 썰어 둔 대파를 넣고 한소끔 더 끓인다.

⑦ 그릇에 우동면을 담고 어묵과 국물을 담은 후 준비한 쑥갓을 위에 얹어서 상에 낸다.

(3) 알밥 케이크

〈재료 및 분량〉

지은 밥 – 2컵
김 – ½장
우엉 – 50g
연근 – 50g
참기름 – 1~2큰술
깻잎 – 3장
칵테일 새우 – 3마리
날치알 – 10큰술(100g)
치자 단무지 – 50g
달걀 – 1개
오이 – ⅓개
무순(장식용) – ¼팩
소금 – 약간

만드는 법

① 밥은 고슬고슬하게 은 후 참기름을 넣고 버무려 둔다.

② 우엉과 연근은 끓는 물에 식초를 넣고 3분간 데쳐낸다. 우엉과 연근은 각각 조금 굵게(크기 0.2~0.3㎝) 다져서 약간의 간장과 설탕을 넣고 따로따로 조려 둔다. 김은 구워서 김가루를 만들어 둔다.

③ 단무지와 깻잎은 잘게 다지고 무순은 씻어 둔다. 오이는 4㎝ 크기로 채를 썰어 두고 달걀은 잘 풀어 지단을 부쳐 4㎝ 크기로 채 썰어 준비해 둔다.

④ 밥 1컵에 연근 조린 것과 채 친 깻잎, 김가루 1큰술을 넣고 섞어 두고, 다른 1컵의 밥에는 연근조린 것과 김가루, 채 친 깻잎을 넣고 버무려 둔다.

⑤ 작은 둥근 그릇에 랩을 깔고 연근으로 버무린 밥을 꼭꼭 눌러 깔고 그 위에 다진 단무지를 골고루 잘 펴 준 후 그 위에 우엉을 버무린 밥을 얹고 다시 꼭꼭 눌러서 그릇을 빼낸다.

*큰 그릇에 하나로 만들 수도 있고 1인분씩 만들 수도 있다.

⑥ 밥 위에 준비된 날치알을 골고루 잘 펴 놓고 그 위에 준비된 오이채, 달걀지단, 칵테일 새우, 무순을 보기 좋게 놓는다.

* 단촛물을 사용하여 달콤새콤하게 만들어도 좋다.

(4) 미시건 롤

〈재료 및 분량〉

훈제연어 – 100g
오이 – ½개
아보카도 – ½개
마요네즈 – 약간
와사비(갠 것) – 약간
김(구운김밥용) – 4장

초밥
밥 – 2컵

초밥초
식초 – 2큰술
소금 – 1작은술
흰설탕 – 2큰술
청주 – 2작은술
다시마 – 약간
레몬 – 1조각

만드는 법

① 초밥 만들기

1. 식초와 소금, 설탕, 청주를 분량대로 넣고 중탕해서 천천히 저으면서 녹인다. 빨리 끓이기 위해서 직접 끓이면 안 된다.
   *직접 끓이면 설탕은 안 녹고 수분이 매우 빨리 증발된다.
2. 소금과 설탕이 다 녹으면 깨끗이 씻은 다시마를 넣고 레몬즙을 짜 넣는다.
3. 초밥초에 레몬즙과 다시마의 맛이 배도록 가만히 둔다.
4. 금방 지은 따뜻한 밥을 나무그릇에 담고 초밥초를 뿌린다.
5. 나무주걱을 세워 잡고 밥을 재빠르게 자르듯이 섞는다. 섞을 때는 그릇의 한쪽으로 밥을 몰아 놓은 후, 남은 공간으로 밥을 다시 펴듯이 섞는 것이 요령이다.
6. 초밥은 약간 따뜻할 때 만들어야 먹기도 좋고 초밥의 모양을 내기도 쉽다.

② 연어는 살부분을 도톰하게 포를 뜨고 1×1㎝ 크기와 두께를 가진 막대 모양으로 잘라 둔다.

③ 오이는 약간 굵게 채 썰고 아보카도도 저머서 썰어 둔다.

④ 김에 초밥을 골고루 펴고 뒤집어서 김의 1/3부분에 와사비를 바르고 연어, 오이, 아보카도를 올린 다음 마요네즈를 위에 길게 뿌린 다음 누드김밥을 만든다.
*초밥초는 많이 만들어 두고 사용하면 편하다.

(5) 규동 (쇠고기 덮밥)

만드는 법

① 냄비에 가쓰오부시 국물 1컵과 쓰유, 간장, 정종, 설탕, 맛술을 분량대로 넣고 중불로 끓인다.

② 고기는 불고깃감으로 잘라 두고, 양파는 가늘게 길이대로 채를 썰어 둔다. 생강은 가늘게 채를 쳐 두고 대파는 어슷하게 썰어 둔다.

③ 냄비의 국물이 끓기 시작하면 준비해 둔 양파와 생강을 넣고 좀 더 끓인다. 달걀은 볼에 풀어 둔다.

④ 국물이 끓으면 준비된 쇠고기를 넣고 고기가 다 익을 때가 되면 잘라 둔 대파를 넣고 한소끔 끓으면, 풀어 둔 달걀을 넣고 가볍게 섞은 후 불을 끈다.

⑤ 준비된 그릇에 밥을 적당히 담고 그 위에 고기와 국물을 담아서 상에 낸다.

〈재료 및 분량〉

지은 밥 - 2컵
쇠고기(불고기용) - 200g
양파 - ½개
생강 - 약간
달걀 - 1개
대파 - 1대

규동 국물
가쓰오부시국물 - 1컵
쓰유 - 1큰술
간장 - 1큰술
정종 - 1큰술
설탕 - 1작은술
맛술 - 1작은술

쓰유
다시마 - 10×10㎝ 크기
양파 - ¼개
간장 - 1½컵
맛술 - ½컵
물 - 4컵
가쓰오부시 - 30g
표고버섯(마른 것) - 2장
청주 - ¼컵
설탕 - ½컵

– 쓰유 만들기 –

① 다시마는 젖은 행주로 지저분한 것들을 닦아내고 마른 표고는 흐르는 물로 씻는다.

② 냄비에 다시마, 양파, 표고버섯 등과 물을 넣고 끓인다.

③ 물이 끓기 시작하면 다시마를 건져 내고 5분간 팔팔 끓인 다음 불을 끄고 가쓰오부시를 넣고 10분간 둔다.

④ ③을 면포를 깐 체에 밭쳐 국물을 거른다.

⑤ 거른 국물을 냄비에 붓고 간장, 청주, 맛술, 설탕을 넣고 10분간 끓인 뒤 식힌다.

(6) 가쓰동

〈재료 및 분량〉

밥 – 2공기
돼지고기(등심, 돈가스용) – 300g
양파 – ½개
달걀 – 3개
참나물(또는 쑥갓) – 약간
소금 – ¼작은술
후춧가루 – 약간
밀가루 – 약간
빵가루 – 약간
식용유 – 적당량

돼지고기 양념

양파(간 것) – 1½큰술
마늘(간 것) – ½작은술
간 생강 – ½작은술
정종 – 1큰술

돈가스 쓰유

가쓰오부시 국물 – ⅔컵
간장 – ⅓컵
맛술 – ½컵

만드는 법

① 돈가스용 돼지고기는 2㎝ 두께로 썬 뒤 칼등으로 두들겨 편다.

② 돼지고기 양념 재료를 모두 섞어 돼지고기에 넣고 고루 주무른 후 30분 동안 재어 둔다.

③ 재어 둔 고기의 물기를 제거한 뒤 소금, 후춧가루로 간을 한다.

④ 재어 둔 고기에 밀가루를 앞뒤로 고루 묻히고 달걀을 풀어서 적신 뒤, 빵가루를 꾹꾹 눌러 묻힌다.

⑤ 기름을 가열한 뒤 준비된 고기를 누릇하게 튀긴다.

⑥ 냄비에 돈가스쓰유 재료와 채 친 양파를 넣고 끓이다가 양파가 익으면 튀긴 돈가스를 썰어 넣는다. 볼에 남은 달걀을 풀어서 냄비에 줄알을 쳐 내린 다음 불을 끈다.

⑦ 준비된 그릇에 밥을 담은 후 돈가스와 남은 국물을 담고 위에 참나물을 얹어서 낸다.

*참나물, 쑥갓, 쪽파 중에서 한 가지를 사용해도 된다.

(7) 가지덮밥

〈재료 및 분량〉

지은 밥 – 2컵
가지 – 2개
돼지고기(간 것) – 150g
참기름 – 1큰술
소금 · 후춧가루 – 약간

양념
두반장 – 1큰술
미소 – 1큰술
설탕 – ½큰술
맛술 – 2큰술

만드는 법

① 가지는 두께 3~4㎜ 정도로 통썰기해 둔다.
*가지는 너무 큰 것은 안 좋다.

② 양념 재료는 한데 섞어 양념장을 만든다.

③ 가지에 소금을 살짝 뿌린 다음 팬에 참기름을 두르고 약불에서 굽는다.

④ 팬에 고기를 볶다가 구운 가지를 넣고 함께 볶는다. 이때 준비된 양념장을 넣고 국물이 없어질 때까지 볶다가 소금, 후춧가루를 넣어 간을 한다.

⑤ 준비된 그릇에 밥을 적당히 담고 그 위에 볶은 가지를 얹어서 상에 낸다.

(8) 닭고기 우엉 덮밥

〈재료 및 분량〉

지은 밥 – 3컵
닭고기 – 300g
우엉 – 1대
달걀 – 인원수대로
소금 · 후춧가루 – 약간
쪽파 – 5개
식용유 – 약간

양념
간장 – 4큰술
정종 – 2큰술
설탕 – 2큰술
맛술 – 2큰술
마늘(다진 것) – 1큰술

만드는 법

① 우엉은 껍질을 벗기고 연필 깎듯이 삐져서 자른 후 찬물에 담가 둔다.

② 닭고기는 먹기 좋은 크기로 썰어 소금과 후춧가루를 약간 뿌려 둔다. 찬물에 담가 둔 우엉은 건져서 물기를 빼 둔다.

③ 팬에 기름을 두르고 썰어 둔 닭고기를 볶는다.

④ 팬에 고기를 볶다가 고기가 노릇해지면 준비된 우엉과 양념을 넣어 함께 볶는다. 달걀은 노른자가 깨지지 않게 프라이를 해 둔다.

⑤ 준비된 그릇에 밥을 적당히 담고 그 위에 우엉 볶은 것과 닭고기를 담고, 그 위에 달걀 프라이를 얹은 다음 기호에 따라 송송 썬 쪽파와 통깨를 올려서 상에 낸다.

(9) 참치 마요 오니기리

〈재료 및 분량〉

지은 밥 – 2컵
참치(통조림) – 110g
김 – 적당량

참치 양념
소금 · 후춧가루 – 약간
마요네즈 – 2큰술

밥 양념
단무지(잘게 썬 것) – 2큰술
참기름 – 1큰술
소금 – ½작은술
간장 – 1작은술
깨 – 1큰술

만드는 법

① 통조림 참치는 체에 밭쳐 기름을 뺀다.
② 참치를 볼에 담고 부서지게 으깬 뒤 소금, 후춧가루, 마요네즈로 양념을 한다.
③ 따뜻한 밥에 양념 재료인 잘게 썬 단무지, 참기름, 소금, 간장, 깨를 분량대로 넣고 골고루 섞는다.
④ 양념한 밥을 한 줌 떼어내 참치를 적당히 넣은 뒤 둥근 모양으로 뭉쳐서 만든다.
⑤ 김을 오니기리의 폭과 비슷하게 잘라 붙인다.

(10) 문어와 토마토를 곁들인 샐러드

〈재료 및 분량〉

문어(데친 것) - 200g
토마토(완숙) - 2개
양파 - 1개
완두콩 - 70g

깻잎 생강 드레싱
올리브유 - 3큰술
식초 - 3큰술
간장 - 3큰술
설탕 - 1큰술
생강 간 것 - 1작은술
깻잎 - 3장
소금・후춧가루 - 약간

만드는 법

① 문어는 먹물을 빼고 소금을 넣어 거품이 날 정도로 문질러 깨끗이 손질한 다음 끓는물에 데친다.

*약간의 소금과 엽차를 넣고 문어를 데치면 선명한 붉은 색을 띠고, 얇게 썬 무를 넣고 잠시 끓인 물에 데치면 색도 선명하고 맛도 좋아진다.

② 토마토는 깨끗이 씻어 꼭지부분을 칼로 잘라 내고 포크를 꽂은 다음 윗면에 칼집을 내서 불에 구워 껍질을 벗긴다.

③ 껍질을 벗긴 토마토는 한입 크기 정도로 모양 좋게 잘라 둔다.

④ 소금물에 데친 문어는 얄팍하게 어슷썰기해 둔다.

⑤ 양파는 가늘게 채 썰어 식초 물에 담가 냄새를 없앤다.

⑥ 생강은 강판에 갈고, 깻잎은 잘게 다져서 나머지 양념들과 잘 섞어 소스를 만들어 둔다.

⑦ 준비된 재료들을 보기 좋게 놓고 깻잎 생강 드레싱을 끼얹어 낸다.

(11) 문어초회

〈재료 및 분량〉

문어(데친 것) – 200g
오이 – ½개
미역 – 50g
레몬 – 1조각
다시마(5×5㎝) – 1장
소금 – 약간
가쓰오부시 – 약간

삼배초
다시물 – 3큰술
식초 – 3큰술
간장 – 2큰술
설탕 – 2큰술

만드는 법

① 데친 문어를 구입하여 얄팍하고 어슷하게 포를 떠 둔다.

② 미역은 불려서 깨끗하게 씻어 3~4㎝로 썰어 둔다. 오이는 껍질을 약간씩 벗기고 가로 썰기를 해서 소금에 절여 물기를 짠 후 사용한다.

③ 다시마에 반 컵 정도 물을 넣고 끓이는데 물의 방울이 올라올 때쯤 불을 끄고 가쓰오부시를 넣고 20분 지난 후 다시물을 걸러서 삼배초를 만든다. 레몬은 반달 모양으로 잘라 둔다

④ 준비된 재료들을 그릇에 보기 좋게 담고 삼배초를 뿌려서 상에 낸다.

(12) 샤부샤부

〈재료 및 분량〉

돼지고기(샤부샤부용) - 200g
두부 - ½모
표고버섯 - 4장
팽이버섯 - 1봉지
배춧잎 - 3장
청경채 - 150g
양파 - ½개
곤약 - 100g
당근 - ½개
대파 - 1대
깻잎 - 1묶음
쑥갓 - 100g
우동국수(젖은 것) - 200g

육수
다시마 - 20㎝
가쓰오부시 - 40g
맛술 - 3큰술
진간장 - 2큰술
소금 - 약간
물 - 6컵

폰즈 소스
육수 - ½컵
진간장 - 4큰술
식초 - 2큰술
레몬즙 - 2큰술
맛술 - 2큰술
무(간 것) - 2큰술
실파 - 4대
고춧가루(고운 것) - ½큰술

깨 소스
참깨 - 5큰술
설탕 - 2큰술
육수 - 4큰술
간장 - 4큰술
맛술 - 2큰술

만드는 법

① 돼지고기는 기름이 적은 연한 부위를 구입해 샤부샤부용으로 얇게 저며 썬다.

② 두부는 1㎝ 정도로 도톰하고 길쭉하게 썰고, 표고버섯은 어슷하고 납작하게 썬다. 팽이버섯은 밑동을 잘라 씻어 둔다.

③ 당근과 배춧잎은 5㎝ 길이로 잘라 3㎝ 폭으로 잘라 두고, 파는 어슷하고 길게 썰고 양파는 굵게 채 썬다.

④ 시금치와 숙주나물은 다듬어 깨끗이 씻어 두고, 깻잎도 깨끗이 씻어 3~4 등분해 둔다.

⑤ 곤약은 길이 5㎝, 폭 3㎝로 자른 다음 가운데에 칼집을 넣은 후 그 사이로 한 번 꼬아 꽈배기 모양을 만든 뒤 끓는 물에 데쳐서 찬물로 헹궈 둔다.

⑥ 냄비에 물을 붓고 다시마를 넣고 끓기 시작하면 3분 뒤에 불을 끄고 가쓰오부시를 넣고 10분 뒤에 건져 낸다.

⑦ 준비된 육수에 간장, 맛술, 소금을 넣고 끓인다. 이때 간은 약하게 한다. 육수가 끓으면 불을 끈다.

⑧ 준비된 1/2컵 육수에 폰즈 소스 재료를 넣고 폰즈 소스를 만든다. 깨 소스의 재료들은 모두 믹서에 넣고 갈아 깨 소스를 만든다.

⑨ 준비된 고기를 큰 접시에 둘러 담아 두고, 나머지 야채들도 보기 좋게 담는다.

⑩ 준비된 육수를 냄비에 넣고 끓으면 준비된 야채들과 고기를 취향대로 넣고 익혀서 건져 소스에 찍어 먹는다.

*단단한 채소들부터 익힌다.

⑪ 모든 재료를 다 먹으면 국물에 국수를 끓여 먹는다.

*샤부샤부의 재료는 개인 취향에 따라 다르고 찍어 먹는 소스도 다양하게 선택할 수가 있다. 돼지고기 대신 쇠고기를 사용하면 더 맛이 좋다. 소스는 판매하는 것을 구입해 사용할 수도 있으나 만드는 법은 위와 같다.

(13) 어묵냄비

〈재료 및 분량〉

어묵(네모난 것) - 인원수
마늘 - 인원수
호박 - ½개
당근 - ½개
무 - 100g
양파 - ½개
달걀 - 인원수
대파 - 1뿌리
곤약 - 100g
산적꼬치 - 인원수
쑥갓 - 100g

육수
다시마 - 20㎝
가쓰오부시 - 40g
맛술 - 3큰술
진간장 - 3큰술
소금 · 후춧가루 - 약간
물 - 10컵

만드는 법

① 무, 당근은 큼직하게 썰고 양파는 4등분한다. 달걀은 삶아 바로 찬물에 담가 두었다가 껍데기를 벗긴다.

② 어묵은 길이대로 길게 반으로 자르고 끓는 물에 데쳐 기름기를 빼 둔다.

③ 곤약은 길이 5㎝, 폭 3㎝로 자른 다음 끓는 물에 데쳐서 찬물로 헹궈 둔다. 호박은 두께 3㎝ 반달 모양으로 큼직하게 썰어 둔다.

④ 냄비에 물을 붓고 다시마를 넣고 끓기 시작하면 3분 뒤에 불을 끄고 가쓰오부시를 넣고 10분 뒤에 건져 낸다. 준비된 육수에 준비해 둔 무와 간장, 소금을 넣고 무가 푹 익게 끓인다. 무가 익으면 준비된 당근과 양파를 넣고 익을 때까지 끓인다. 다음에 잘라 둔 호박을 넣고 다시 끓인다.

⑤ 건져 낸 다시마는 무 크기로 자른다. 대파는 깨끗이 다듬고 흰 부분을 2㎝길이로 통째로 자르고, 쑥갓은 깨끗이 씻어 둔다.

⑥ 준비된 꼬치에 어묵, 달걀, 당근, 호박, 곤약, 잘라 둔 대파 등을 순서에 맞게 꿴다.

⑦ 준비된 육수를 냄비에 붓고 끓으면 준비된 꼬치를 넣고 끓인다. 어묵이 끓으면 맛술과 후춧가루를 뿌린다. 마지막으로 준비된 쑥갓을 얹어서 상에 낸다.

⑧ 상에서는 준비된 그릇에 꼬치를 가져가 빼고 내용물을 먹는다.

(14) 스끼야끼(전골냄비)

만드는 법

① 찬물에 깨끗이 닦은 다시마를 넣고 1시간 정도 불린 후 불에 얹어 끓이는데, 끓기 전 기포가 올라올 때 다시마를 건져 낸다. 물이 끓으면 가쓰오부시를 넣고 1~2분간 끓인 뒤 불을 끄고 4~5분뒤에 면포에 걸러 다시물을 만든다.

② 다시물을 만든 다음 전골 냄비 소스의 재료를 모두 넣고 끓여서 둔다

③ 배추는 먹기 좋은 크기로 잘라 두고, 두부도 4~5㎝ 크기로 잘라서 기름 없이 팬에서 구워 둔다. 우엉은 연필 깎는 것처럼 삐져서 자른 후 찬물에 담가 두고, 표고버섯은 굵게 채를 썰어 둔다.

④ 고기는 불고깃감으로 얇게 썰어 둔다. 팽이버섯은 밑동을 잘라서 씻어 두고, 시금치도 다듬어 씻어 둔다.

⑤ 준비된 재료들은 큰 그릇에 보기 좋게 담아 낸다.

⑥ 팬을 달구고 참기름을 넣은 다음 준비된 재료들을 넣고 볶다가 준비된 전골 소스를 부어 볶는다. 남은 재료들을 큰 쟁반에 담아서 수시로 넣고 볶다가 소스도 넣어 볶아서 먹는다.

⑦ 상에 낼 때 날달걀을 개인 1개씩 그릇에 깨서 풀어 볶은 재료들을 적셔서 먹는다.

*전골냄비(스끼야끼) 소스를 많이 만들어서 냉장고에 두고 사용해도 좋다.

〈재료 및 분량〉

쇠고기 등심(불고기용) - 150g
배추속잎 - 5장
두부 - ½모
당근 - ½개
대파 - 1대
달걀 - 인원수
양파 - ½개
곤약 - 100g
시금치 - 100g
팽이버섯 - ½봉지
표고버섯 - 2장
다시마 - 약간
식용유 - 적당량

다시물
다시마 - 10㎝
가쓰오부시 - 20g
물 - 2컵

전골 소스
맛술 - 3큰술
간장 - 4큰술
설탕 - 2큰술
청주 - 3큰술
다시물 - 1컵

(15) 된장국

〈재료 및 분량〉

재첩 - 100g
팽이버섯 - 1봉지
실파 - 3뿌리

국물
가쓰오부시 - 50g
소금 - 약간
다시마 - 20㎝
된장 - 3큰술
맛술 - 2큰술

만드는 법

① 재첩은 깨끗이 물에 담가 어두운 곳에 두어 해감한다.

② 냄비에 재첩이 담길 정도의 물을 붓고 끓이다가 입을 벌리면 바로 불을 끄고 건져낸 후 재첩 조갯살과 껍질을 분리해 둔다.

③ 팽이버섯은 밑동을 자르고 깨끗이 씻는다. 실파는 송송 썰어 둔다.

④ 끓는 물에 가쓰오부시와 다시마를 넣은 후 바로 불을 끄고 10분 정도 둔다. 10분 후 다시마와 가쓰오부시를 다 건져내고 맑은 국물을 내서 사용한다.

⑤ 준비된 국물에 된장을 넣고 거품기로 잘 저어 고루 푼다. 된장 푼 물을 고운체에 거른 후 냄비에 붓고 재첩 삶은 물을 섞어 간을 맞추어 끓인다. 완전히 끓으면 맛술을 넣고 불을 끈다.

⑥ 그릇에 된장국을 담고 삶은 재첩과 팽이버섯을 넣고 송송 썬 실파를 띄운다.

(16) 오꼬노미야끼

만드는 법

① 양배추는 깨끗이 씻고, 가운데 두꺼운 줄기를 도려내고 3~4㎝길이로 채 썰어 찬물에 담갔다가 싱싱해지면 체에 밭쳐 물기를 뺀다. 숙주는 씻어서 물기를 빼 둔다.

② 새우는 내장을 빼고 깨끗이 씻어서 껍질을 벗겨서 반으로 자른다. 표고버섯은 기둥을 제기하고 굵게 채 썰고, 베이컨은 1㎝ 폭으로 썰어 둔다.

③ 소스의 재료들을 섞어서 세 가지 소스를 만들어 둔다.

④ 그릇에 밀가루와 마가루, 달걀, 물과 식용유를 분량대로 넣고 거품기로 잘 저어 반죽을 만든다. 반죽이 다 되면 가쓰오부시를 뺀 준비된 재료들을 넣고 잘 섞는다.

⑤ 팬에 식용유를 두르고 섞어 둔 내용물을 원하는 크기로 굽는다. 한 면이 익으면 뒤집어서 마저 익힌다.

⑥ 지진 오꼬노미야끼 한 면에 좋아하는 소스를 바르고 그 위에 가쓰오부시와 실파 다신 것을 뿌려서 먹는다.

〈재료 및 분량〉

양배추잎 – 5장
새우(대하) – 4마리
베이컨 – 2장
표고버섯 – 3장
숙주 – 100g
가쓰오부시 – 2큰술
실파 – 1컵
식용유 – 적당량

밀가루 반죽
밀가루 – ½컵
마가루 – 3큰술
달걀 – 2개
물 – ½컵
식용유 – 1큰술
소금 – 약간

소스 1
설탕 – 2큰술
맛술 · 청주 · 간장 – 각각 ¼컵

소스 2
마요네즈 – ⅓컵
화이트 와인 – 1큰술
설탕 – 1작은술

소스 3
토마토케첩 – ⅓컵
우스터 소스 – 2큰술
고춧가루 – 1큰술

(17) 달걀찜

〈재료 및 분량〉

달걀 – 4개
새우 – 4마리
찐어묵 – 40g
표고버섯 – 1장
닭고기 – 50g
은행 – 4개
죽순 – 40g
다시마 – 10㎝
가쓰오부시 – 40g
쑥갓 – 1줄기

양념
간장 – 2큰술
청주 – 2큰술
소금 – 2작은술

만드는 법

① 다시물 만들기: 찬물 2컵에 다시마를 넣고 30분 정도 불린 후 끓인다. 물이 끓기 전 바닥에서 기포가 올라올 때 다시마를 건져내고, 물이 끓으면 가쓰오부시를 넣고 1~2분정도 더 끓이고 불을 끈다. 불을 끄고 4~5분 후 면포로 걸러 맑은 다시물을 얻는다.

② 새우는 내장을 빼고 깨끗이 씻어서 끓는 물에 데쳐 껍질을 벗겨 둔다. 은행도 데쳐서 껍질을 벗겨 둔다.

③ 어묵은 1×1㎝크기로 잘라 둔다. 표고버섯은 위에 칼집을 내어 모양을 낸다.

④ 쑥갓은 깨끗이 씻어 잎을 따 놓는다.

⑤ 달걀, 다시물, 준비된 양념을 넣고 잘 풀어 준다. 잘 푼 달걀 물은 고운 체로 한 번 거른다.

⑥ 찜 그릇에 준비된 은행, 새우, 표고버섯, 찐 어묵 등을 넣고 달걀 물을 그릇의 80% 정도 붓고 강한불로 10분, 약한 불로 3분 정도로 찌다가 완성된 달걀찜 위에 쑥갓을 올리고 뚜껑을 닫고 상에 낸다.

3 동남아음식

(1) 쇠고기를 곁들인 쌀국수(퍼보)

〈재료 및 분량〉

쌀국수 면(마른 것) – 450g
쇠고기(얇게 저민 것) – 150g
숙주 – 200g
고수 – 10줄기
태국 바질 – 10줄기
양파(채 썬 것) – ½개
청양고추 – 4개
쪽파 – 3줄기
라임 – 1개
후춧가루 – 약간

육수

피시 소스 – 70㎖
우사골 – 2㎏
물 – 4ℓ
설탕 – 3큰술
쇠고기 – 600g
양파(채 쳐 볶은 것) – 1개
생강 – 2쪽
팔각 – 7개
정향 – 5개
소금 – 1작은술

만드는 법

① 우사골은 불순물 제거를 위해 흐르는 물에 깨끗이 씻고 물에 담가서 핏물을 뺀다. 물을 바꿔가면서 핏물을 뺀 사골을 끓는 물에 5분 동안 삶아서 물을 버리고 찬물로 씻어 둔다.
② 양파는 채를 처서 볶아 두고 생강은 얇게 저며 둔다.
③ 큰 솥에 삶아서 씻어 둔 사골과 쇠고기를 함께 넣고 삶는다. 끓기 시작하면 여기에 볶은 양파, 저민 생강, 피시 소스, 설탕을 넣고 끓인다.
④ ③을 40분간 끓이다가 쇠고기는 일부분을 꺼내어 찬물에 10분 정도 담갔다가 물기를 제거해 결 따라 얇게 썰어 둔다.
⑤ ④의 육수는 90분간 끓이다가 팔각과 정향을 넣고 30분간 더 끓인 후 체에 한번 거르고 소금으로 간을 맞춘다.
⑥ 쌀국수 면은 찬물에 30분 동안 담가 불린 후 말랑해지면 체에 받쳐 물기를 뺀다.
⑦ 쇠고기 육수는 뜨겁게 데운다. 고추와 파는 송송 썰어 두고, 숙주는 깨끗이 씻어 둔다.
⑧ 쌀국수 면은 냄비에 물이 끓으면 식사를 내놓기 직전에 국수를 1인분씩 20초 정도 데친 다음 물기를 뺀 후에 그릇에 담는다.
⑨ ④의 얇게 저민 쇠고기를 몇 점 올리고 뜨거운 육수를 면에 붓는다.
⑩ 숙주, 고수, 태국바질, 고추, 채 친 양파, 쪽파, 라임 조각을 올리고 후춧가루를 뿌려 마무리한다.

(2) 닭고기 쌀국수

〈재료 및 분량〉

쌀국수 면(마른 것) – 450g
태국 치킨 스톡 – 1500cc
숙주 – 200g
코리앤더 씨 – ½작은술
피시 소스 – 2큰술
양파 – ⅔개
닭고기 – 110g
홍고추 – 1개
청양고추 – 2개
쪽파 – 3줄기
소금 · 후춧가루 – 약간
호이신 소스, 칠리소스 – 적당량
라임즙, 고수잎 – 적당량

태국 치킨 스톡
닭뼈 – 600g
양파 – 2개
물 – 10컵
생강 – 1쪽
소금 · 후춧가루 – 약간

만드는 법

① 닭뼈는 물에 30분 정도 담가 핏물을 뺀다.
② 양파는 길이로 4등분 한다. 냄비에 치킨 스톡의 재료들을 모두 넣고 센 불에서 끓인다.
③ 끓기 시작하면 불을 줄여 국물이 1500cc~2000cc가 될 때까지 1시간 정도 졸인다. 다 되면 면포에 내려 맑은 국물을 준비한다.
④ 양파는 깨끗이 씻어 얇게 채 썬다. 청양고추도 송송 썰어 둔다.
⑤ 숙주는 깨끗이 다듬어 씻어 둔다. 홍고추는 송송 썰어 물에 담가 씻어 씨를 뺀다.
⑥ 쌀국수 면은 찬물에 30분 동안 담가 불린 후 말랑해지면 체에 밭쳐 물기를 뺀다.
⑦ 고추와 파는 송송 썰어 두고, 숙주는 깨끗이 씻어 둔다.
⑧ 냄비에 준비된 육수를 붓고 생강 저민 것, 계피, 팔각, 코리앤더 씨를 넣고 15분간 끓인다. 여기에 분량의 피시 소스와 설탕, 소금, 후춧가루를 넣어 간한다. 다시 면포로 걸러 뜨겁게 준비한다.
⑨ 닭고기는 삶아서 먹기 좋게 찢어 놓는다. 불린 쌀국수는 끓는 물에 살짝 삶아 건져서 그릇에 담는다.
⑩ 찢은 닭고기, 양파, 홍고추, 숙주를 국수 위에 보기좋게 얹고 뜨거운 육수를 붓는다.
⑪ 호이신소스와 칠리소스, 송송 썬 청양고추, 라임즙, 고수를 곁들여서 기호에 맞게 넣어 먹는다.

(3) 해물 볶음 쌀국수(팟타이)

〈재료 및 분량〉

쌀국수 면(마른 것) – 200g
칵테일 새우 – 5~6마리
파인애플(통조림) – 2조각
숙주나물 – 100g
청피망 – ½개
홍피망 – ½개
양파 – ½개
달걀 – 1개
마늘(다진 것) – 1작은술
레몬즙 – 2작은술
땅콩가루 – 2큰술

소스
피시 소스 – 1큰술
물 – 5큰술
굴소스 – 2큰술
설탕 – 1작은술
스리라차 칠리소스 – 1큰술
고추기름 – 1큰술
후춧가루 – 약간

만드는 법

① 마른 쌀국수는 미지근한 물에 담가 둔다.
② 숙주는 깨끗이 씻어 두고, 청피망과 홍피망은 4㎝ 길이로 채를 썰어 둔다.
③ 양파도 채를 썰어 찬물로 행구어 둔다. 파인애플은 2㎝길이로 자른다.
④ 칵테일 새우는 식초를 넣고 살짝 볶는다.
⑤ 물에 담근 쌀국수는 끓는 물에 3~4분 가량 삶아서 찬물에 행궈 놓는다.
⑥ 달걀은 잘 풀고 소금으로 간을 한 뒤 달군 팬에 기름을 두르고 넣어 스크램블처럼 휘저어 익힌다.
⑦ 달걀이 다 익으면 숙주를 넣고 살짝 볶은 후 준비한 쌀국수와 야채들을 같이 넣고 볶다가 미리 준비한 소스를 넣고 볶다가 레몬즙을 넣고 볶는다.
⑧ 땅콩가루를 뿌리고 마무리한다.

(4) 싱가폴식 쌀국수 볶음

〈재료 및 분량〉

굵은 쌀국수 면(마른 것) – 200g
칵테일 새우 – 6마리
양파(다진 것) – 2큰술
숙주나물 – 60g
돼지고기 – 60g
양파 – ½개
달걀 – 1개
마늘(다진 것) – 1작은술
식용유 – 2큰술

소스
피시 소스 – 1큰술
간장 – 1큰술
커리가루 – 1작은술
설탕 – 1작은술
후추 – 약간

만드는 법

① 칵테일용 새우는 손질이 다 된 것이므로 냉동된 것을 해동해 둔다.

② 돼지고기는 살코기로 준비해 1㎝ 크기로 깍둑썰기한다.

③ 숙주는 뿌리 부분만 다듬어 깨끗이 씻는다.

④ 쌀국수는 20분 정도 물에 담가 부드럽게 불린 후 체에 밭쳐 물기를 뺀다.

⑤ 팬에 기름을 두르고 달걀 푼 물을 넣고 젓가락으로 휘저어 가며 볶아 둔다.

⑥ 팬에 기름을 두르고 다진 마늘, 다진 양파를 넣고 갈색이 나게 볶다가 준비된 돼지고기를 넣고 볶는다.

⑦ 돼지고기가 익으면 칵테일 새우를 넣고 볶다가, 숙주를 넣고 살짝 볶는다.

⑧ ⑦에 불린 쌀국수를 넣고 볶은 달걀과 소스용 재료들을 넣고 볶아서 그릇에 담아낸다.

(5) 파인애플 볶음밥

〈재료 및 분량〉

파인애플 과육 – 100g
마늘(다진 것) – 1작은술
새우(작은 것) – 100g
돼지고기 – 200g
양파 – 1개
표고버섯 – 2개
청피망 – ⅓개
홍피망 – ⅓개
찬밥 – 2공기
피시 소스 – 2큰술
간장 – 1큰술
식용유 – 약간

만드는 법

① 파인애플은 작게 1㎝ 크기로 깍둑썰기해 둔다.

② 양파는 껍질을 벗기고 깨끗이 씻어 뿌리 부분을 잘라 내고 길이로 반 자른 다음 파인애플 크기로 깍둑썰기해 둔다.

③ 표고버섯은 기둥을 제거하고 깨끗이 씻은 다음 작게 깍둑썰기해 둔다. 청피망, 홍피망도 씨를 발라내고 표고버섯과 같은 크기로 깍둑썰기해 둔다.

④ 돼지고기도 깍둑썰기해 둔다. 새우는 소금물에 흔들어 씻은 다음 머리, 내장, 껍질을 제거한다.

⑤ 팬에 기름을 두르고 다진 마늘을 볶다가 썰어 둔 양파, 돼지고기, 새우, 피망과 표고버섯 등을 넣고 볶는다.

⑥ 다른 팬에 식용유를 두르고 찬밥을 넣어 밥알이 고슬고슬한 것이 살아 있도록 잘 펴 가며 볶다가 썰어 둔 파인애플과 ⑤를 넣고 피시 소스와 간장을 넣고 간을 한다.

⑦ 다 되면 밥을 담아낸다.

*작은 새우가 없으면 큰 새우를 잘게 썰어 사용해도 좋다.

*파인애플은 통조림도 가능하다.

(6) 태국식 볶음밥

〈재료 및 분량〉

숙주 – 100g
브로콜리 – 100g
마늘(다진 것) – 2작은술
양파(다진 것) – ⅓개
닭가슴살 – 100g
돼지고기 – 100g
달걀 – 2개
찬밥 – 2공기
피시 소스 – 1큰술
홍고추 – 1개
소금 · 후춧가루 – 약간
식용유 – 약간

만드는 법

① 브로콜리는 깨끗하게 씻어 꼬리를 떼고 송이송이 잘라서 소금물에 데쳐 둔다.

② 숙주는 깨끗이 씻어 둔다.

③ 돼지고기와 닭가슴살은 1㎝보다 작은 크기로 깍둑썰기해 둔다.

④ 홍고추는 깨끗이 씻어 반으로 갈라 씨를 털어내고 쌀알 크기로 다진다.

⑤ 달걀은 그릇에 잘 풀어 둔다.

⑥ 팬이 뜨거워지면 식용유를 두르고 다진 마늘과 다진 양파를 넣고 갈색이 나게 볶다가 돼지고기와 닭고기를 넣ㄱ 볶는다.

⑦ 고기를 볶던 팬의 한쪽에 달걀 푼 물을 넣고 저으면서 볶아 준다.

⑧ 달걀이 어느 정도 익으면 찬밥을 넣고 고르게 볶는다. 밥이 잘 볶이면 숙주와 데친 브로콜리를 넣고 볶다가 피시 소스와 소금, 후춧가루를 넣고 간을 한다.

⑨ 다 되면 다진 홍고추는 고명으로 뿌려서 낸다.

(7) 청경채 게살소스 볶음

〈재료 및 분량〉

청경채 – 5포기
식용유 – 2큰술
냉동 게살(또는 통조림 게살) – ⅔컵

게살 소스재료
태국 치킨 스톡 – 1컵
청주 – 1큰술
소금 – ½작은술
마늘(다진 것) – 1작은술
양파(다진 것) – 2큰술
후춧가루 – 약간
물녹말 – 1큰술
참기름 – 1작은술

만드는 법

① 청경채는 깨끗이 씻어 물기를 뺀 후 길이로 반 갈라 두 쪽이 되도록 잘라 둔다.

② 게살은 길이대로 길게 준비한다.

③ 팬에 식용유를 두르고 다진 마늘과 양파를 갈색이 나게 볶는다. 준비한 게살을 넣고 1분 정도 볶은 다음 분량의 치킨 스톡과 청주, 소금, 후춧가루를 넣어 간을 한다

④ 물녹말로 소스의 농도를 걸쭉히게 맞추고 참기름을 넣어 맛을 낸다

⑤ 청경채는 센불에 볶아 약간의 소금으로 간을 한다.

⑥ 볶은 청경채를 접시에 둘러서 담고 가운데에 게살 소스를 담아 상에 낸다.

(8) 월남쌈

〈재료 및 분량〉

쇠고기(불고기용) – 150g
새우(중) – 150g
오이 – ½개
당근 – ½개
파프리카(빨간색) – ½개
파프리카(노란색) – ½개
양파 – 100g
양상추 – 50g
깻잎 – ½묶음
숙주나물 – 150g
파인애플(통조림) – 3조각
레몬 – ½개
라이스페이퍼 – 400g

고기 양념
간장 – 2큰술
청주 – 2큰술
물엿 – 1큰술
후추 – 약간

월남쌈용 피시 소스
피시 소스 – 6큰술
레몬즙 – 3큰술
파인애플즙 – 6큰술
홍고추 – 3개
청양고추 – 3개
마늘 – 4쪽
설탕 – 1큰술

땅콩 소스
땅콩버터 – 50g
꿀 – 3큰술
피시 소스 – 3
간장 – 3큰술
파인애플즙 – 6큰술

만드는 법

① 고기는 채를 썰어서 고기 양념을 넣고 버무려 준다.

② 새우는 껍질을 까고 내장을 뺀 다음 데쳐서 얇게 잘라서 준비한다.

③ 오이는 채 썰어 두고, 당근도 같은 두께로 채를 썬다.

④ 노란색, 빨간색 파프리카도 같은 굵기로 채를 썬다.

⑤ 양파는 채 썰어 식초 물에 30분 정도 담갔다가 물로 씻어 물기를 빼 둔다.

⑥ 깻잎과 양상추는 가늘게 채 썰어 물기를 완전하게 빼서 준비한다.

⑦ 숙주도 깨끗이 씻어 물기를 빼 놓는다.

⑧ 파인애플은 3~4㎝정도의 두께로 썰어 준비한다.

⑨ 피시 소스, 레몬즙, 파인애플즙, 홍고추, 청양고추, 마늘, 설탕을 넣고 잘 섞어 월남쌈용 피시 소스를 만든다.

⑩ 땅콩버터, 꿀, 피시 소스, 간장, 파인애플즙을 넣어 재료가 모두 섞여 하나가 될 때까지 섞어 땅콩 소스도 만들어 놓는다.

⑪ ①에 양념해 두었던 고기는 팬에 볶아서 준비한다.

⑫ 접시 중앙에 볶은 고기와 데친 새우를 놓고 그 주변에 손질한 채소들을 보기 좋게 담는다.

⑬ 레몬 1조각을 넣은 60℃ 정도의 따끈한 물에 라이스페이퍼를 넣고 부드럽게 되면 기호에 따라 갖은 채소와 고기를 넣고 돌돌 말아 만들어 둔 소스에 찍어 먹는다.

(9) 바나나 튀김

〈재료 및 분량〉

바나나 – 6개
식용유(튀김용) – 적당량

튀김옷 재료
코코넛 밀크 – 1컵
롱코코넛 – 1컵
소금 – ½작은술
설탕 – ½컵
통깨 – 3큰술
베이킹파우더 – ½큰술
밀가루 – 1컵

만드는 법

① 바나나는 3㎝ 길이로 썬다.

② 튀김옷 분량의 재료를 섞어 튀김옷을 준비한다.

③ 튀김 팬에 식용유를 넉넉히 붓고 170℃ 정도가 되면 바나나에 튀김옷을 입혀 노릇하게 튀겨 낸다.

④ 계핏가루나 설탕을 뿌려서 내도 좋다.

(10) 숙주 볶음

〈재료 및 분량〉

숙주 – 250g
식용유 – 2큰술
마늘(다진 것) – 2작은술
피시 소스 – ⅔큰술
양파(다진 것) – 3큰술
설탕 – 1작은술
돼지고기(간 것) – 100g
청양고추 – 2개
후추 – 약간

만드는 법

① 숙주는 꼬리 부분을 다듬고 잘 씻어 둔다.

② 팬을 달구어서 식용유를 두른 다음 다진 마늘을 볶다가 다진 양파를 넣고 볶는다.

③ ②에 돼지고기 간 것을 넣고 센 불에서 5분 정도 고기가 익을 때까지 볶는다.

④ ③에 씻어 둔 숙주를 넣고 센 불에 살짝 볶다가 피시 소스와 설탕, 후춧가루로 간을 한다.

⑤ 마지막으로 다져 둔 청양고추를 넣고 살짝 저어서 불을 끈다.

(11) 연근 새우 샐러드(고이 응오 센)

만드는 법

① 연근은 길이로 5~6㎝ 크기로 잘라 둔다. 각 조각을 세로로 4등분으로 자른다. 연근의 갈변을 막기 위해 식초 물에 1시간 정도 담가 둔 후 물기를 제거한다.

② 돼지고기는 삶아서 결 따라 찢어 둔다.

*기름기 적은 안심이나 등심 부위로 냄새 나지 않게 삶는다.

③ 새우는 데쳐서 껍질을 벗겨 세로로 반으로 잘라 둔다.

④ 양파는 링모양이 나게 잘라서 식초물에 30분 정도 담가 둔 후 건져 놓는다. 당근은 채 썰어 둔다.

⑤ ②~④에 준비된 소스를 넣고 무쳐서, 새콤한 맛을 더 원하면 라임즙을, 달콤한 맛을 더 원하면 설탕을 첨가하여 맛을 낸다.

⑥ 맛을 낸 것을 접시에 잘 담고 그 위에 적당히 다진 땅콩과 샬롯, 채 썬 홍고추 및 민트 잎으로 장식해 낸다.

〈재료 및 분량〉

연근 – 200g
라임즙 – 1큰술
새우 – 10마리
돼지고기 – 100g
양파(링모양으로 자른 것) – ½개
당근 – ½개

고명

땅콩(볶은 것) – 1큰술
샬롯(튀긴 것) – 2큰술
홍고추(채 썬 것) – 1개
민트잎 – 약간

느억 짬 소스

태국고추 – 1개
마늘 – 1쪽
설탕 – 3큰술
쌀식초 – 1큰술
피시 소스 – 5큰술
라임즙 – 2~3큰술
물 – 125㎖

– 느억 짬 소스 만들기 –

① 고추와 마늘을 절구에 넣어 부드럽게 빻는다. 그 다음 설탕을 넣고 고추의 붉은 물이 충분히 들 때까지 으깬다.

② 소스팬에 물을 붓고 식초와 같은 ①을 넣고 끓인다.

③ ②에 피시 소스를 넣고 10분간 졸인다.

④ 불을 끈 다음 라임즙을 2~3큰술 더해 맛을 낸다.

(12) 태국식 스프링롤

〈재료 및 분량〉

새우 – 10마리
쌀국수 – 50g
숙주 – 50g
당근 – ½개
라이스페이퍼 – 12장
코리앤더잎 – 10장
스위트 칠리소스 – 적당량

스프링 롤 소스

물 – ¼컵
마늘(다진 것) – 1작은술
설탕 – 1작은술
식초 – 1작은술
피시 소스 – 2큰술
라임즙 – 2~3큰술

만드는 법

① 새우는 내장을 제거한 다음 끓는 물에 데친 후 껍질을 벗기고 반으로 포를 뜬다.

② 당근은 껍질을 벗기고 5㎝ 길이로 채 썬다.

③ 쌀국수는 20분 정도 물에 담가 불린 후 체에 밭쳐 끓는 물에 살짝 넣었다가 빼는 방법으로 삶는다.

④ 숙주는 손질한 후에 물로 깨끗이 씻어 물기를 뺀다. 코리엔더는 씻어 둔다.

⑤ 롤 소스의 재료들을 다 넣고 섞어 둔다

⑥ 라이스 페이퍼는 뜨거운 물에 20초 정도 담가 부드러워지면 준비된 새우, 당근, 숙주, 쌀국수와 코리엔더를 얹고 사각모양으로 접는다. (라이스 페이퍼의 앞부분을 먼저 접고 양쪽 날개 부분을 안쪽으로 접어 넣은 후 돌돌만다.)

⑦ 접시에 스프링롤을 먼저 올리고 그 위에 칠리소스를 뿌리고 롤 소스를 곁들여 낸다.

(13) 허브 홍합찜

〈재료 및 분량〉

홍합 – 500g
굴소스 – 2큰술
마늘(다진 것) – 1큰술
양파(다진 것) – 3큰술
피시 소스 – 1큰술
식용유 – 약간
청고추 – 1개
홍고추 – 1개
코리앤더 – 약간
소금 · 후춧가루 – 약간

만드는 법

① 홍합은 해감하여 껍질을 깨끗이 솔로 문질러 씻고 지저분한 것들을 떼어내고 준비한다.

② 청고추, 홍고추는 얇게 송송 썰어 둔다.

③ 팬을 달군 다음 식용유를 두르고 다진 마늘과 양파를 넣고 볶는다. 마늘과 양파가 투명해지면 준비된 홍합을 넣고 굴소스와 피시 소스를 넣는다.

④ 뚜껑을 닫고 5~7분간 홍합이 벌어지도록 익힌다. 가끔 팬을 흔들어 재료가 잘 섞이도록 한다. 껍데기가 벌어지지 않은 홍합은 버린다.

⑤ 다 되면 마지막으로 썰어 둔 청홍고추와 코리앤더를 넣고 잘 버무려서 상에 낸다.

구난숙 · 권순자 · 이경애 · 이선영(2015). 세계 속의 음식문화(제3판). 경기: 교문사.

김형래 · 김용식 · 김업식 · 박상준 · 박명수 · 허정 · 김진숙 · 정정희 · 안지연(2012). 수프에서 분자요리까지– 프랑스 이탈리아 요리. 경기: 교문사.

남춘화(2005). Nam's Roll & Sushi 기술에서 예술까지. 서울: 열음사.

노정미 · 유영상(1993). 조리학. 서울: 와이제이물산.

노정미 · 이형우 · 박병렬(2005). 서양조리. 서울: MJ미디어.

메이(2011). 오니기리: 간편하게 즐기는 주먹밥과 도시락. 서울: 나무수.

성기협 · 김종욱 · 송병구 · 이정기(2012). 최신 일본요리. 서울: 백산출판사.

에쎈 생활무크(1998). 자연의 맛, 일본요리.서울문화사.

염진철 · 안종철(2008). 전문조리사를 위한 고급서양요리. 서울: 백산출판사.

오석태 · 이상정(1988). 전문 요리사를 위한 수프와 주요리. 서울: 지구문화사.

이면희(2001). 중국요리. 서울: 조선일보사.

이세련(2016). 이국의 만찬, 쉽게 만들어 맛있게 즐기는 식탁 위의 세계여행 레시피70. 경기: 린.

이현지(2011). 오이시 일본 덮밥 + 튀김. 오니기리. 서울: MW미디어월.

임성빈 · 심재호 · 박헌진(2004). 맛있는 이탈리아 요리. 서울: 효일.

장미라 · 권준희(2016). 세계음식 문화. 서울: 신광출판사.

최광수(2010). 최신 인디아요리. 서울: 백산출판사.

최명호(2014). 멕시코를 맛보다. 부산: 산지니.

최영희 · 김현룡 · 허성미 · 이신정 · 김일순(2007). 따라하기 쉬운 동양조리. 경기: 교문사.

톰 반덴베르게&루크 시스(2014). 싱가포르 · 페낭 스트리트 푸드 맛집. 서울: 도도.

________________(2015). 방콕 스트리트 푸드 맛집. 서울: 도도.

________________(2015). 하노이 스트리트 푸드 맛집. 서울: 도도.

한국조리연구학회(1998). 치즈와 차가운 요리. 서울: 형설출판사.

허재옥 · 권순형 · 안빈 · 최영신 · 김은미 · 오은주 · 원선임 · 박용순 · 김상연 · 이은경 · 김은영(2017). 세계 식생활 문화. 서울: 수학사.

외국문헌

Fiona Biggs(2003). *Pasta & Italian*. New York: Barnes & Noble.

저자소개

노정미

경력

(현) 강릉원주대학교 생명과학대학 식품영양학과 교수
동아시아 식생활학회 상임이사

주요 저서

『한국음식』, 『서양조리』, 『조리과학』 외 다수

대표 논문

"우리나라 향토음식의 지방 특성 관광상품화하기 위한 문헌고찰"
"대학 기숙사의 급식소를 이용하는 사생들의 식사기호도 조사" 등

외국음식 조리

초판 1쇄 인쇄 2017년 12월 25일
초판 1쇄 발행 2017년 12월 29일

지 은 이 | 노정미
펴 낸 이 | 김기섭
편 집 인 | 이초롱
펴 낸 곳 | 창지사 www.changjisa.com
08589 서울시 금천구 가산디지털 1로 83 파트너스타워 1차 9층
전화 (02)719-2211~3
팩스 (02)701-9386
등 록 | 1977년 4월 28일 · 제1-421호

ISBN 978-89-426-0979-6 (93590)

값 15,000원

이 도서의 국립중앙도서관 출판예정도서목록(CIP)은 서지정보유통 지원시스템 홈페이지(http://seoji.nl.go.kr)와 국가자료공동목록시스템(http://www.nl.go.kr/kolisnet)에서 이용하실 수 있습니다(CIP제어번호: CIP2017035437).